KB060835

홀로 하는 공부라서
외롭지 않게 사람in이 동행합니다.

외국어, 내가 지금 제대로 하고 있는지, 정말 이대로만 하면 되는지 늘 의심이 듭니다.
의심이 든다는 건 외로운 거지요. 그런 외로운 독자들에게 힘이 되는 책을 내고 있습니다.

외국어가 나의 언어가 되는 그때까지, 이해의 언어와 훈련의 언어로
각 단계별 임계점에 이르는 방법을 제시하여,
언어 학습의 시작점과 끝점을 확실히 제시하는 정직하고 분명한 책을 만듭니다.

네이티브는 결론부터 말한다

두괄식 영어
스피킹 훈련

두괄식 영어 스피킹 훈련

지은이 박광희
초판 1쇄 인쇄 2020년 1월 9일
초판 1쇄 발행 2020년 1월 23일

발행인 박효상   **편집장** 김현   **기획·편집** 김준하, 김설아, 배수현
디자인 이연진   **본문·표지디자인** 고희선
마케팅 이태호, 이전희   **관리** 김태옥

종이 월드페이퍼   **인쇄·제본** 현문자현

출판등록 제10-1835호   **발행처** 사람in   **주소** 04034 서울시 마포구 양화로 11길 14-10 (서교동) 3F
전화 02) 338-3555(代)   **팩스** 02) 338-3545   **E-mail** saramin@netsgo.com
Website www.saramin.com

ISBN
978-89-6049-818-1 13740

우아한 지적만보, 기민한 실사구시 사람in

네이티브는 결론부터 말한다

두괄식 영어
스피킹 훈련

결론부터 말하고
부연하고
예시하고
마무리하기

LIKE NATIVE
SPEAKERS

박광희 지음

사람in

왜 우리는 두괄식으로 말해야 하는가?
- 스피킹의 새로운 역점, 두괄식

자, 여기 말하는 스타일이 사뭇 다른 두 사람이 있습니다. 어떻게 다른지 한번 읽어 볼까요?

> A: 나 어제 아침에 눈을 뜨니 8시인 것 있지. 깜짝 놀라서 허둥지둥 준비하고 면접장에 갔어. 갔더니 배는 왜 그렇게 살살 아픈지, 면접 보면서 무슨 일 생길까 봐 굉장히 조마조마했다. 다행히 나한테 대답하기 힘든 질문은 하지 않더라고. 미리 준비한 질문들이어서 잘 대답했지. 그러자 다음 주부터 바로 근무할 수 있냐고 물어보는 거야. 나 합격했다!

> B: 나 어제 면접 합격했다! 아침에 눈 떴더니 8시여서 완전 깜짝 놀라 튀어 나갔지. 그래서 그런지 배도 살살 아프고. 면접 내내 마음 졸였어. 다행히 어려운 질문은 없었고, 미리 준비한 것들이어서 대답 잘한 게 마음에 들었던 것 같아. 그래서 다음 주부터 일할 수 있냐고 물어서 OK했지.

A의 경우, 면접에 합격했다는 얘기를 듣기까지 앞의 여섯 문장을 들어야 합니다. 사실, 들으면서도 이야기가 어떻게 전개될지 예측하기 힘든 상황이지요. 반면, B의 경우 면접에 합격했다는 얘기를 하면서 그 과정을 풀어가는 방식으로 마무리합니다.

반드시 그런 건 아니지만, 우리나라 사람들이 말하는 방식이 A와 비슷하고 원어민들이 말하는 방식이 B와 비슷합니다. 그래서 우리말은 끝까지 들어봐야 안다는 우스갯소리마저 있지요. 자, 이렇게 결론이 뒤에 오는 걸 미괄식, 앞에 오는 걸 두괄식이라 할 때, 한국인의 스피킹 스타일은 미괄식이고, 원어민의 스피킹 스타일은 두괄식입니다.

미괄식 스피킹이 이미지를 깎을 수도 있다?

그런데 이게 뭐가 문제라서 이렇게 장황하게 설명할까요? 미괄식 스피킹 스타일을 영어에도 그대로 적용했을 때 네이티브들이 받는 인상이 다르기 때문입니다. 원어민들은(사람에 따라 다르겠지만) 거의 두괄식으로 이야기합니다. 자기들이 그렇게 얘기하니 영어를 말하는 다른 사람들도 그럴 거라고 예상하지요. 그래서 한국인이 영어로 말하는 처음 문장을 듣고 '아, 이런 얘기구나' 하고 넘어갔는데, 그 뒤에 자꾸 뭐가 연결이 되어 나오고 앞에서 들었던 문장이 결론이 아니라는 걸 깨닫고는 당황합니다. 그러면서 드는 생각이 '이 사람, 왜 이렇게 말을 중구난방으로 하는 거야'인 거죠. 그렇습니다. 미괄식 스피킹으로 하는 영어는 자칫 우리의 이미지를 깎아 버릴 수도 있습니다.

원어민들은 이런 공감력과 설득을 얻기 위해 결론을 앞에 두고 내용을 풀어 가는 두괄식 화법을 구사합니다.

영어, 아니 언어 행위를 한다는 것은 크게 봤을 때 자기 얘기를 해서 상대방의 공감력을 얻고 '아, 그렇구나!' 하는 설득을 얻어내는 것입니다. 영어를 쓰는 원어민들은 이런 공감력과 설득을 얻기 위해 결론을 앞에 두고 내용을 풀어 가는 두괄식 화법을 구사합니다. 그렇다면 영어로 원어민들과 이야기하고, 필요할 경우 설득과 지지를 얻어야 할 우리 역시 두괄식으로 말하는 연습을 해야 하지 않을까요?

너나없이 바쁜 세상, 첫 문장만으로 판단한다

두괄식 스피킹은 원어민들에게만 해당하는 것이니 군이 할 필요 없다고 버티는(?) 분들도 두괄식 스피킹을 해야 할 이유가 있습니다. 바로 신입사원이든 경력직이든 한번은 써야 하는 자기소개서, 한번은 거쳐야 하는 면접에서 반드시 기억해야 할 것이 두괄식 쓰기와 말하기이기 때문이죠. 시간은 적고 수많은 사람을 대하는 면접관과 입사 시험 담당자들이 가장 먼저 하는 건 자기소개서의 첫 번째 문장 읽기 그리고 면접 때 던지는 질문에 대한 답변의 첫 문장 듣기입니다. 그 첫 문장에 나머지 내용을 더 읽고 들을 것인가, 바로 다음 사람 자기소개서와 다른 면접자로 넘어갈 것인가가 달려 있습니다. 이렇듯 영어에서는 물론이고, 우리의 미래와 직관된 분야에서도 두괄식 스피킹과 말하기가 점점 중요해지고 있습니다.

이제 첫 문장으로 여러분이 평가 받는 시대가 됐습니다.

하지만, 이건 어느 날 갑자기 되는 게 아닙니다. 두괄식으로 말하는 훈련을 꾸준히 할 때 가능한 것이지요. 이런 두괄식 훈련은 과연 어떻게 해야 할까요? 그냥 무작정 두괄식으로 말을 던지면 가능할까요? 이런 두괄식 말하기 훈련에 가장 효과적인 것이 한 주제에 대해 질문을 던지고 그것에 말하는 것이지요. 그래서 이 책에서는 두괄식 스피킹 훈련에 최적인 질문 47개를 뽑아 훈련하도록 했습니다. 처음에는 익숙하지 않겠지만, 계속 하다 보면 결론에 힘을 주어 맨 앞에 놓고 말하는 습관이 들 것입니다. 어렵다 생각하지 말고 차근차근 따라 해 보세요. 두괄식 스피킹으로 말하기에 자신감을 갖게 되기 바랍니다.

〈두괄식 영어 스피킹 훈련〉, 이렇게 다릅니다!

1 두괄식 영어 스피킹 훈련에 최적인 스피킹 영역 5개

결론부터 말하는 두괄식 스피킹 훈련에 가장 좋은 것은 주제가 있는 질문에 답하는 것입니다. 〈두괄식 영어 스피킹 훈련〉에서는 이 질문의 주제를 실제 스피킹 영역을 다루는 다섯 가지(사실, 선택, 의견, 가정, about me)로 분류했습니다. 따라서 이 다섯 가지 영역의 질문에 두괄식으로 대답하는 법을 마스터하게 되면 어떤 질문에서도 결론을 앞에 두고 말하는 두괄식 스피킹을 하게 됩니다.

2 영어뿐 아니라 우리말로 하는 두괄식 훈련까지 가능

영어를 아주 잘하는 소수를 제외하고 우리 모두는 영어를 할 때 머릿속에서 한국어를 먼저 떠올립니다. 그런 다음 영어를 하게 되죠. 그렇다면 어떤 주제의 질문에 영어로 답하려면 먼저 우리말로 두괄식으로 말하는 것이 필요합니다. 그래서 이 책에서는 한국어 두괄식 표현을 먼저 익히게 합니다. 이렇게 하면 면접이나 스피킹 시험, 자기소개서 등에 필요한 두괄식 스피킹, 라이팅 습관이 길러지게 되지요.

Like NATIVE SPEAKERS

3 한국어 문장에서 영어 문장으로 바뀌는 어순의 변화를 눈으로 확인

앞서도 이야기했지만 영어를 아주 잘하는 극소수를 제외하고는 한국어를 먼저 떠올리고 영어 문장으로 넘어갑니다. 하지만 한국어와 영어는 어순이 다른 언어라서 이게 생각보다 쉽지 않습니다. 그렇기 때문에 우리말의 주어+동사 구문과 영어의 주어+동사 구문이 실제 문장에서 어느 위치에 오고, 특정 문장 성분들이 한국어와 영어에서는 어떻게 다르게 놓이고 표현되는지를 알아야 문장을 제대로 만들 수가 있습니다. 이 책에서는 그런 차이가 눈에 보이도록 한국어 문장 아래에 그것이 영어 문장의 어순으로 놓였을 때 어떻게 달라지는가를 문장마다 제시했습니다. 예를 들어, 우리말에서는 앞에서 문장을 다 말하고 '~인 것 같아요'라고 마무리하는 경우가 많은데, 이럴 때 영어 어순으로는 '저는 생각해요 / ~라고'의 식으로 바뀌는 것을 보여주어 어순 전환에 확실히 익숙해지도록 했습니다.

4 언어의 4대 영역을 전부 학습

스피킹 훈련책이지만, 스피킹뿐만 아니라 리스닝, 라이팅, 리딩은 물론 스피킹에 필요한 유용한 코치 내용까지 수록해 영어의 4대 영역을 모두 학습할 수 있도록 했습니다. 특히 한국어를 영어 어순식으로 바꾸고 그것에 따라 영작하는 것은 이 책의 핵심으로 언제 어디서나 주어진 주제에 맞춰 두괄식으로 말할 수 있게 하는 기초 역할을 합니다. 해당 문장을 속도 변화를 달리해 들려주는 것 역시 독자들을 배려한 것으로 실제 원어민들의 말하는 속도에 점진적으로 익숙해지도록 합니다. 한 부분도 소홀히 하지 않은 편집에 꼼꼼한 독자의 학습이 더해진다면 원어민도 넘어오는 두괄식 스피킹 효과가 눈에 보일 것입니다.

〈두괄식 영어 스피킹 훈련〉,
이런 구성+저런 활용

구성: 나라면 어떻게 대답할까 싶은 마음이 불쑥 드는 5개 영역, 47개 질문

-이 책은 사실, 선택, 의견, 가정, about me 총 5개 영역의 47개 질문으로 구성되어 있습니다. 사람마다 각기 다른 대답이 나올 수 있는 흥미롭고 두괄식 스피킹 훈련을 하기에 최적인 질문들만 추렸습니다. 왼쪽 페이지에 한국어 질문, 오른쪽 페이지에 영어 질문이 있으니 꼭 짚고 넘어가세요.

활용: 맨 처음부터 하지 않아도 OK.

목차를 보고, 여러분 마음에 드는 주제나 질문이 보이면 그 부분부터 해도 괜찮습니다. 꼭 맨 처음부터 해야 한다는 부담감은 놓아 주세요.

구성: 한국어와 영어식 어순 차이가 바로 드러나는 두괄식 논리 전개

주어진 질문에 한국어 두괄식 스피킹 논리를 먼저 펼칩니다. 결론부터 말하기-부연 설명하기-대조하기-예시하기-마무리하기는 질문마다 조금씩 다르지만 일정한 패턴을 유지하며 글의 흐름을 잡고 갑니다. 그런 다음 이런 한국어 문장을 영어식 어순으로 놓았을 때는 어떻게 바뀌는지, 그래서 영어로 고칠 때는 어떻게 해야 하는지를 보여 줍니다.

활용: 한국어 어순과 영어식 어순의 차이를 반드시 확인

한국어와 영어 어순의 가장 큰 차이는 주어와 동사의 위치입니다. 한국어는 주어와 동사가 붙어 있기도 하지만 떨어져 있는 경우도 많지요. 하지만 영어는 거의 95%의 경우, 주어와 동사가 함께 붙어 있습니다. 이 점을 확실히 깨달을 수 있게 한국어 문장을 영어식 어순으로 놓은 것을 보여줍니다. 한국어 표현이 영어식 어순에서는 어떤 식으로 표현되는지 하나하나 꼼꼼하게 살펴보고, 나중에 유사한 구문이 나왔을 때 바로 활용할 수 있게 해주세요.

구성: 영어식 어순에 따른 단어 배열

왼쪽 페이지 영어식 어순에 따라 주어진 영어 어구를 배열하는 훈련을 합니다. 이렇게 하면 처음부터 완전한 영어 문장을 만들어야 한다는 부담이 줄어들고, 배열 훈련을 하는 와중에 문장 구조에 대한 감이 생깁니다. 이걸 47번 한다고 하면 영어 작문에 대한 두려움도 사라지게 될 겁니다.

활용: 1차 눈으로 배열, 2차 손으로 쓰기

왼쪽 페이지에 나와 있는 영어식 어순에 따라 눈으로 1차 배열해 보고 펜으로 꼭 써 보기 바랍니다. 펜으로 쓰면서 입으로 말하다 보면 두뇌에 입력되는 영어의 양이 그만큼 많아져서 더 오래 갑니다.

구성: 완성된 문장 확인

그렇게 배열한 문장의 답을 확인합니다. 여기서는 QR코드를 찍어서 각 문장을 원어민이 어떻게 읽었는지 확인하세요. 이 책에서는 문장의 읽기를 느린 템포, 중간 템포, 빠른 템포 이렇게 세 가지로 녹음해서 점진적으로 빨리 읽는 것에 익숙해지게 했습니다.

활용: 세 가지 속도의 음원을 듣고 머릿속에 문장 입력

손으로 직접 쓰는 것만이 딕테이션이 아닙니다. 마음으로 딕테이션하듯 새겨 넣으면서 속으로 따라 말하는 것이 일명 mind dictation인데요, 세 가지 속도로 녹음한 음원을 3회 이상씩 듣고 문장을 두뇌에 입력하세요.

구성: 동시통번역 훈련으로 마무리

지금까지 직접 써 보고 들었던 문장들, 이제는 한국어만 보고도 바로 말하고 영어로 쓸 수 있게 확인해 보세요.

활용: 스피킹-라이팅-QR코드 리스닝 순서로 확인

전체 한국어 지문을 보고 말하고, 다음에는 전체 지문을 영어로 쓰고, 마지막으로 QR코드를 찍어 원어민이 자연스럽게 읽은 내용을 확인하세요. 이제, 해당 질문에 관한 두괄식 훈련이 끝났습니다.

스피킹 코치의 족집게 조언

말하기 훈련 시 유의해야 할 점을 친절한 스피킹 코치가 콕 짚어 줍니다. 문장 구조와 표현 등 바른 문장을 만들 때 꼭 필요한 부분들만 살펴봅니다. 실제 네이티브 스피커들이 즐겨 사용하는 표현과 그들의 사고방식도 배울 수 있습니다.

차례

PART 1   두괄식으로 사실 말하기

PART 2   두괄식으로 선택 사항 말하기

PART
1

두괄식으로 사실 말하기

누구나 알고 있는 사실을 문제로 제기할 때, 문장의 시작 역시 객관적인 사실을 바탕으로 말합니다. 그 후에 그 사실을 뒷받침해주는 내용을 풀어 나가야 합니다. 이때도 중요한 건, 첫 번째 문장에 핵심이 담겨 있어야 하는 것이죠.

왜 사람들은 자신의 외모에 대해 그렇게 염려하죠?

원어민처럼 두괄식으로 말하기 한국어와 영어의 어순 구조 차이를 확인하세요.

결론부터 말하기

Kor 사람들은 TV에 나오는 유명인처럼 보이려고 너무 **애를 써요**.

Eng 사람들은 애를 씁니다 / 너무 많이 / TV에 나오는 유명인처럼 보이려고.

부연 설명하기 1

Kor 여러 프로그램에서 완벽한 신체를 가진 사람들을 **보게 되죠**.

Eng 그들은 봅니다 / 완벽한 몸매를 가진 사람들을 / 여러 프로그램에서.

부연 설명하기 2

Kor 그럼 모든 사람들의 외모가 그래야 할 거라고 **생각하지만**, 현실은 그렇지 않다는 걸 **깨닫지 못해요**.

Eng 그러면 / 그들은 생각합니다 / 모든 사람들이 (바로 그렇게) 보여야 한다고 / 그렇지만 / 그들은 깨닫지 못합니다 / 그게 현실이 아니라는 것을.

덧붙이기

Kor 자기 몸매를 있는 그대로 받아들이고 현재 모습에 만족**해야 해요**.

Eng 그들은 필요합니다 / 자신의 몸을 받아들이는 것이 / 그리고 만족해 하는 것이 / 그들의 현재 모습에.

마무리하기

Kor 그렇게 하면 압박을 덜 **느끼게 돼요**.

Eng 그런 식으로 / 그들은 느낄 것입니다 / 덜한 압박감을.

Why are people so worried about the way their body looks?

원어민식 어구 배치 훈련 왼쪽 Eng 순서대로 어구를 배열해 보세요.

결론부터 말하기

too hard / people are trying / to look like TV celebrities.

try 노력하다, 애쓰다 **look like** ~처럼 보이다 **celebrity** 유명 인사, 유명 연예인

부연 설명하기 1

they see / on different shows / people with perfect bodies.

people with perfect bodies 완벽한 몸매를 가진 사람들
with ~을 가진, ~을 지닌 **show** 텔레비전 프로그램

부연 설명하기 2

that it's not reality / then / they don't realize / that's how everyone should look, / but / they think /

that's how ~ 바로 그렇게 ~하다 **realize** 깨닫다 **reality** 현실

덧붙이기

and be happy / they need to / with who they are / accept their own bodies.

need to+동사원형: ~해야 한다, ~하는 게 필요하다
accept 받아들이다 **be happy with ~** ~에 만족하다
who they are 그들의 현재 모습 (who I am 나의 현재 모습)

마무리하기

that way, / less pressure / they'll feel.

that way 그런 식으로 **less** 덜한, 덜하게 **pressure** 압박감

결론부터 말하기　　　　　　　　　　　3회 듣기 ☐ ☐ ☐

People are trying too hard/ to look like TV celebrities.

부연 설명하기 1　　　　　　　　　　　3회 듣기 ☐ ☐ ☐

They see people with perfect bodies/ on different shows.

부연 설명하기 2　　　　　　　　　　　3회 듣기 ☐ ☐ ☐

Then they think that's how everyone should look,/ but they don't realize that it's not reality.

덧붙이기　　　　　　　　　　　　　　3회 듣기 ☐ ☐ ☐

They need to accept their own bodies/ and be happy with who they are.

마무리하기　　　　　　　　　　　　3회 듣기 ☐ ☐ ☐

That way,/ they'll feel less pressure.

MP3 01-02

동시통역 훈련 우리말을 영어로 말하고 쓰고 들으세요.

사람들은 TV에 나오는 유명인처럼 보이려고 너무 애를 써요.

여러 프로그램에서 완벽한 신체를 가진 사람들을 보게 되죠.

그럼 모든 사람들의 외모가 그래야 할 거라고 생각하지만, 현실은 그렇지 않다는 걸 깨닫지 못해요.

자기 몸매를 있는 그대로 받아들이고 현재 모습에 만족해야 해요.

그렇게 하면 압박을 덜 느끼게 돼요.

▶ **스피킹 코치의 족집게 조언**

They need to accept their own bodies and be happy with who they are.

악센트가 둘째 음절에 있는 단어의 a- 발음 어느 단어에서 악센트가 둘째 음절에 있다면 첫 음절은 거의 들리지 않을 정도로 아주 약하게 발음해요. 각각 '받아들이다'와 '정서적인'이란 뜻의 accept와 affective가 그 전형적인 예들이죠. 즉 accept의 경우, 원어민이 발음하는 것을 유심히 들어보면 첫 음절의 a를 아주 약하게 발음해 마치 e처럼 들려요. 그래서 자칫 전치사 except[익셉t]로 잘못 알아들을 수도 있어요. 또 affective의 경우도 a를 아주 약하게 발음해 '효과적인'이란 뜻의 effective[이펙티v]로 착각하기 쉬워요. 하지만 두 단어를 [억셉t], [어펙티v]라고 발음하지 말고 [익셉t], [이펙티v]에 가깝게 발음하도록 하세요.

17

UNIT 02

왜 그렇게 많은 사람들이 커피에 중독돼 있다고 생각해요?

원어민처럼 두괄식으로 말하기 한국어와 영어의 어순 구조 차이를 확인하세요.

결론부터 말하기

Kor **많은 사람들이** 아침에 잠에서 깨려면 커피가 **필요해서 사람들이** 이것에 **익숙해지게 돼요.**

Eng 많은 사람들이 필요로 합니다 / 커피를 / 아침에 잠에서 깨기 위해 / 그래서 / 그들이 익숙해지게 되는 겁니다 / 그것에.

부연 설명하기 1

Kor 매일 똑같은 걸 하게 되면 고치기 힘든 습관이 **돼 버린답니다.**

Eng 당신이 하게 되면 / 똑같은 걸 / 매일 / 그건 되어 버립니다 / 습관이 / 끊기 힘든 (습관이).

부연 설명하기 2

Kor 커피가 정신을 좀 더 초롱초롱하게 해주는 방식에 **사람들이 익숙해져 있어요.**

Eng 사람들은 익숙해지게 돼요 / 그런 방식에 / 커피가 만드는 (방식에) / 그들이 느끼도록 / 좀 더 정신이 초롱초롱하게.

덧붙이기

Kor 그래서 그런 똑같은 기분을 계속 느끼고 **싶어 하죠.**

Eng 그래서 / 그들은 원해요 / 동일한 느낌을 갖기를 / 계속해서.

마무리하기

Kor **몸 역시** 커피로 잠을 깨는 것에 **익숙해져 버리는 겁니다.**

Eng 그들의 몸이 익숙해져 버립니다 / 잠이 깨는 것에 / 커피에 의해.

Why do you think so many people are addicted to coffee?

원어민식 어구 배치 훈련 왼쪽 Eng 순서대로 어구를 배열해 보세요.

결론부터 말하기

to wake up in the morning, / a lot of people need / they get used to / so / it / coffee.

wake up 잠에서 깨다
get used to+명사 ~에 익숙해지다(명사 외에 동명사(v-ing)도 쓸 수 있어요.)

부연 설명하기 1

that's hard to break / every day, / it becomes / the same thing / a habit / if you do.

habit 습관   break 끊다

부연 설명하기 2

coffee makes / people get used to / them feel / more alert / the way.

way 방식, 방법   make A 동사원형 A가 ~하게 만들다   alert 정신이 초롱초롱한

덧붙이기

to have that same feeling / then / again and again / they want.

again and again 계속 반복해서

마무리하기

their body gets used to / by coffee / being woken up.

be woken up 잠이 깨다(스스로 깨는 게 아니라 다른 요인 때문에 깰 때 씁니다.)

MP3 02-01

결론부터 말하기   3회 듣기 ☐ ☐ ☐

A lot of people need coffee/ to wake up in the morning,/ so they get used to it.

부연 설명하기 1   3회 듣기 ☐ ☐ ☐

If you do the same thing every day,/ it becomes a habit/ that's hard to break.

부연 설명하기 2   3회 듣기 ☐ ☐ ☐

People get used to the way/ coffee makes them feel more alert.

덧붙이기   3회 듣기 ☐ ☐ ☐

Then they want to have that same feeling/ again and again.

마무리하기   3회 듣기 ☐ ☐ ☐

Their body gets used to being woken up/ by coffee.

동시통번역 훈련 우리말을 영어로 말하고 쓰고 들으세요.

많은 사람들이 아침에 잠에서 깨려면 커피가 필요해서 사람들이 이것에 익숙해지게 돼요.

매일 똑같은 걸 하게 되면 고치기 힘든 습관이 돼 버린답니다.

커피가 정신을 좀 더 초롱초롱하게 해주는 방식에 사람들이 익숙해져 있어요.

그래서 그런 똑같은 기분을 계속 느끼고 싶어 하죠.

몸 역시 커피로 잠을 깨는 것에 익숙해져 버리는 겁니다.

▶ 스피킹 코치의 족집게 조언

Their body gets used to being woken up by coffee.

to 다음에 -ing를 사용하는 숙어 표현 보통 to 다음에는 동사원형이 오는 to부정사를 흔히 접할 수 있는데 예외적으로 to 다음에 동사원형이 아닌 -ing 형태를 쓰는 표현들이 있어요. 이런 경우 to는 to부정사의 to가 아니라 전치사이기 때문입니다. 다음은 그 예들이에요.

Many people get addicted to drinking coke. 많은 이들이 콜라 마시는 데 중독이 돼 있어요.
I am looking forward to hearing your news. 당신 소식을 듣기를 고대하고 있어요.
He is committed to doing voluntary work. 그는 헌신적으로 봉사 활동을 해요.

이때 to 다음에 동사원형을 쓸지 아니면 -ing 형태를 쓸지를 구별하는 좋은 방법이 있어요. to 다음에 동사가 없다고 치고 명사만으로 의미가 통하는지 한번 살펴보세요. 그래서 의미가 통하면 그 경우는 명사의 역할을 하는 -ing 형태를 써 주는 경우예요. 예를 들어, Many people get addicted to drinking coke.의 경우, to 다음에 drinking을 없애고 coke만 써도 의미가 자연스럽게 통하잖아요? 그래서 이때의 to는 -ing가 오는 전치사로 보면 됩니다.

왜 여성이
남성보다
쇼핑을 더 좋아하지요?

원어민처럼 두괄식으로 말하기 한국어와 영어의 어순 구조 차이를 확인하세요.

결론부터 말하기

Kor **여성이** 남성보다 스타일과 유행에 더 **관심이 많죠.**

Eng 여성이 더 관심이 많아요 / 스타일과 유행에 / 남성보다.

부연 설명하기1

Kor **여성들한테는** 사람들에게 뭐가 잘 어울릴지 훨씬 더 좋은 아이디어가 **있어요.**

Eng 그들은 그냥 가지고 있어요 / 훨씬 더 좋은 생각을 / 뭐가 좋아 보이는지 / 사람들한테.

부연 설명하기 2

Kor 의복이나 뭐 그런 것에 더 **흥미가 많죠.**

Eng 그들은 더 관심이 많아요 / 의복에 / 그리고 그런 것들에.

대조하기 1

Kor **남성들도** 대부분 멋지게 보이고 **싶어 하지만** 그만큼 **신경을 쓰진 않아요.**

Eng 남성들 대부분은 원해요 / 멋지게 보이는 것을 / 역시 / 하지만 / 그들은 신경 쓰진 않아요 /
그만큼.

덧붙이기

Kor **제 생각에** 여성들이 또 인내심도 아주 많고, 상점에서 남 눈치를 안 보고
물건을 구경해요.

Eng 저는 생각해요 / 여성들은 또한 가지고 있어요 / 더 많은 인내심을 / 그리고 / 그들은 별로
눈치를 안 봐요 / 그냥 물건 구경하는 걸 / 상점에서.

대조하기 2

Kor 하지만 **남성은** 가능한 한 쇼핑을 빨리 끝내 버리고 **싶어 하죠.**

Eng 남자들은 원해요 / 자신의 쇼핑을 끝내는 것을 / 가능한 한 빨리.

Why do women like shopping more than men?

원어민식 어구 배치 훈련 왼쪽 Eng 순서대로 어구를 배열해 보세요.

결론부터 말하기

style and fashion / women are more into / than men.

be into ~에 열중하다, 관심을 두다   more A than B B보다 더욱 A한

부연 설명하기1

a lot better ideas / they just have / on people / what looks good.

a lot (비교급 앞에서) 훨씬   look good on ~에게 잘 어울리다

부연 설명하기 2

they're more interested in / and stuff like that / clothing.

clothing 의복   and stuff like that (앞에 언급한 내용을 포함하여) ~ 같은 것

대조하기 1

they don't care / to look nice / men mostly want / but / as much / too,.

care 신경을 쓰다   as much 그만큼

덧붙이기

just checking things out / I think / and / more patience, / they don't mind / in stores / women also have.

patience 인내심   mind 마음을 쓰다, 꺼려하다
check out (흥미롭게) ~을 살펴보다   store 상점

대조하기 2

men want / as soon as possible / to get their shopping done.

get A done A를 끝내다   as soon as possible 가능한 한 빨리

23

결론부터 말하기   3회 듣기 ☐ ☐ ☐

Women are more into style and fashion than men.

부연 설명하기 1   3회 듣기 ☐ ☐ ☐

They just have a lot better ideas/ what looks good on people.

부연 설명하기 2   3회 듣기 ☐ ☐ ☐

They're more interested in clothing/ and stuff like that.

대조하기 1   3회 듣기 ☐ ☐ ☐

Men mostly want to look nice too,/ but they don't care as much.

덧붙이기   3회 듣기 ☐ ☐ ☐

I think women also have more patience,/ and they don't mind/ just checking things out in stores.

대조하기 2   3회 듣기 ☐ ☐ ☐

Men want to get their shopping done/ as soon as possible.

동시통역 훈련 우리말을 영어로 말하고 쓰고 들으세요.

여성이 남성보다 스타일과 유행에 관심이 많고 또 좋아하죠.

여성들한테는 사람들에게 뭐가 잘 어울릴지 훨씬 더 좋은 아이디어가 있어요.

의복이나 뭐 그런 것에 흥미가 더 많죠.

남성들도 대부분 멋지게 보이고 싶어 하지만 그만큼 신경을 쓰진 않아요.

제 생각에 여성들이 또 인내심도 아주 많고, 상점에서 남 눈치를 안 보고 물건을 구경해요.

하지만 남성은 가능한 한 쇼핑을 빨리 끝내 버리고 싶어 하죠.

▶ 스피킹 코치의 족집게 조언

Men want to get their shopping done as soon as possible.

get ~ done = finish ~ '~을 끝내다', '~을 마치다'라고 할 때 우리가 보통 사용하는 동사는 finish예요. 하지만 원어민들은 get ~ done 표현 역시 즐겨 사용합니다. 이런 get ~ done 표현을 사용하면 훨씬 자연스럽고 유창하게 들린답니다. 예문을 보면서 익혀 보세요.

OK, I'll get it done by the 30th. 30일까지 (그걸) 끝낼게요.
He might know how to get more work done in less time.
그는 보다 적은 시간에 더 많은 일을 하는 법을 아는 것 같아요.

UNIT 04

당신네 나라에서는 실업이 문제인가요?

원어민처럼 두괄식으로 말하기 한국어와 영어의 어순 구조 차이를 확인하세요.

결론부터 말하기

Kor **실업이** 우리나라에선 정말 큰 문제**예요.**

Eng 실업이 ~예요 / 정말 큰 문제 / 우리나라에서는.

부연 설명하기1

Kor 도처에 일자리를 찾고 있는 사람들이 점점 더 많은 **것 같아요.**

Eng ~인 것 같아요 / 점점 더 많은 사람들이 있어요 / 일을 찾는 (사람들이) / 도처에.

부연 설명하기 2

Kor 가족이 있는데 일자리를 못 구하는 사람들에게는 **힘든 일일 거예요.**

Eng 그건 힘들 거예요 / 사람들에겐 / 가족이 있고 / 일자리를 찾을 수 없는 (사람들에겐).

부연 설명하기 3

Kor 그런 사람들을 보면 참 안쓰러**워요.**

Eng 저는 느껴요 / 너무나 안쓰럽게 / 그들에게.

부연 설명하기 4

Kor 일자리를 원하는 사람들 모두 일자리를 얻으면 **좋겠어요.**

Eng 저는 바라죠 / 모두가 / 일을 원하는 (모두가) / 그걸 얻게 되는 걸.

덧붙이기

Kor 하지만 일부 사람들은 게을러서 일하고 싶어 하지 않는 **것 같아요.**

Eng 하지만 / 제 생각은 그래요 / 그들 중의 일부는 원하지 않아요 / 일하는 것을 / 그들이 게으르기 때문에.

마무리하기

Kor **그런 사람들 때문에** 일자리를 찾고 있는 다른 모든 사람들이 욕을 **먹는 거예요.**

Eng 그들이 줍니다 / 다른 모든 사람들에게 / 일자리를 찾는 (사람들에게) / 욕을.

Is unemployment a problem in your country?

원어민식 어구 배치 훈련 왼쪽 Eng 순서대로 어구를 배열해 보세요.

결론부터 말하기

unemployment is / in my country / a really big problem.

unemployment 실업

부연 설명하기 1

everywhere / there are more and more people / it seems like / looking for work.

it seems like (that) ~인 것 같다(추측을 말함)　look for ~을 찾다　everywhere 도처에

부연 설명하기 2

for people / it's got to be hard / and (who) can't find a job / who have a family.

it's got to be hard for ~에게 힘들 것이다 (has got to=must ~임에 틀림없다)　find 찾다

부연 설명하기 3

I feel / for them / so bad.

feel so bad for ~이 너무 안 되다(상황이나 처지)

부연 설명하기 4

who wanted a job / could get one / that everybody / I wish.

wish 바라다　one (앞에서 언급된 것을 받는 부정 명사) 것, 그것

덧붙이기

some of them don't want / I think / because they're lazy / to work / still,.

still 여전히, 하지만(문장 맨 앞에 놓여 앞 문장과 대비되는 내용이 올 것임을 명시)　lazy 게으른

마무리하기

who are looking for work / all the other people / they give / a bad name.

give ~ a bad name ~의 이름을 더럽히다, 욕먹게 하다

MP3 04-01

두뇌 입력 훈련 세 가지 속도의 음원을 3회 이상 듣고 두뇌 속에 문장을 입력해 주세요.

Unemployment is a really big problem in my country.

It seems like/ there are more and more people/
looking for work everywhere.

It's got to be hard/ for people who have a family/ and
can't find a job.

I feel so bad for them.

I wish/ that everybody who wanted a job/ could get one.

Still,/ I think some of them don't want to work/
because they're lazy.

They give all the other people/ who are looking for
work/ a bad name.

동시통역 훈련 우리말을 영어로 말하고 쓰고 들으세요.

실업이 우리나라에선 정말 큰 문제예요.

도처에 일자리를 찾고 있는 사람들이 점점 더 많은 것 같아요.

가족이 있는데 일자리를 못 구하는 사람들에게는 힘든 일일 거예요.

그런 사람들을 보면 참 안쓰러워요.

일자리를 원하는 사람들 모두 일자리를 얻으면 좋겠어요.

하지만 일부 사람들은 게을러서 일하고 싶어 하지 않는 것 같아요.

그런 사람들 때문에 일자리를 찾고 있는 다른 모든 사람들이 욕을 먹는 거예요.

▶ 스피킹 코치의 족집게 조언

They give all the other people who are looking for work a bad name.

give ~ a bad name '저런 사람들 때문에 선생님들이 모두 욕을 먹죠.'를 영어로 어떻게 말하면 될까요? 이때 여러분이 '욕이 영어로 뭐지'라는 생각을 했다면 유창한 영어와는 좀 거리가 멀다는 얘기입니다. 이때는 give ~ a bad name(~를 욕되게 하다)라는 숙어 표현이 떠올라야 해요. 그러니까 Those people give all teachers a bad name.이라고 말해야 자연스러운 표현이 되는 거죠.

29

UNIT 05

인구 고령화에 따르는 문제는 뭔가요?

원어민처럼 두괄식으로 말하기 한국어와 영어의 어순 구조 차이를 확인하세요.

결론부터 말하기

Kor **노령 인구는** 의료비용을 많이 **발생시키고** 가족들에게 더 많은 스트레스를 안겨 줍니다.

Eng 노령 인구는 발생시킵니다 / 높은 의료비용과 더 많은 스트레스를 / 가족에게.

예시하기 1

Kor **어르신들은** 보다 많은 의료 서비스가 **필요한데, 이로 인해** 세금이 올라**갑니다.**

Eng 어르신들은 필요로 합니다 / 더 많은 의료 서비스를 / 그리고 / 이것이 만듭니다 / 세금이 올라가게.

예시하기 2

Kor 이것 때문에 **젊은 사람들이** 세금을 더 많이 **내야 하고요.**

Eng 젊은 사람들이 내야 합니다 / 더 많이 / 이것 때문에.

부연 설명하기 1

Kor 또, **가족들도** 노인 분들을 돌보는 데 더 많은 시간과 돈을 **써야 합니다.**

Eng 또, / 가족들이 써야 합니다 / 더 많은 시간과 돈을 / 돌보는 데 / 연로하신 가족 구성원을.

부연 설명하기 2

Kor **이게 딱** 지금의 상황**이에요.**

Eng 이게 ~입니다 / 딱 / 현재 상황.

마무리하기

Kor 그래서 **결국 젊은 가족 구성원들이** 쓸 돈과 시간이 줄어들어 스트레스를 **받게 됩니다.**

Eng 그래서 / 젊은 가족들이 결국 끝나게 됩니다 / 돈과 시간이 더 없는 상태로 / 그리고 이게 유발합니다 / 스트레스를.

What are the problems with having an aging population?

결론부터 말하기

high medical costs and more stress / an aging population causes / on families.

aging population 노령 인구   medical cost 의료비

부연 설명하기 1

this makes / older people need / and / more healthcare / taxes go up.

healthcare 의료 서비스   go up (가격, 물가 등이) 상승하다

부연 설명하기 2

more / younger people have to pay / for this.

pay 지불하다

덧붙이기 1

families have to spend / also, / taking care of / more time and money / older family members.

spend (money, time) 동사ing ~하느라 (돈, 시간을) 쓰다   take care of ~을 돌보다

덧붙이기 2

That's / the way it is / just.

the way it is 현재 상황

마무리하기

young families end up with / which causes / so, / less money and time, / stress.

end up with 결국 ~으로 끝나다

두뇌 입력 훈련 세 가지 속도의 음원을 3회 이상 듣고 두뇌 속에 문장을 입력해 주세요.

결론부터 말하기   3회 듣기 ☐ ☐ ☐

An aging population causes high medical costs/ and more stress on families.

예시하기 1   3회 듣기 ☐ ☐ ☐

Older people need more healthcare/ and this makes taxes go up.

예시하기 2   3회 듣기 ☐ ☐ ☐

Younger people have to pay more/ for this.

부연 설명하기 1   3회 듣기 ☐ ☐ ☐

Also,/ families have to spend more time and money/ taking care of older family members.

부연 설명하기 2   3회 듣기 ☐ ☐ ☐

That's just the way/ it is.

마무리하기   3회 듣기 ☐ ☐ ☐

So,/ young families end up with less money and time,/ which causes stress.

노령 인구는 의료비용을 많이 발생시키고 가족들에게 더 많은 **스트레스를 안겨 줍니다.**

어르신들은 보다 많은 의료 서비스가 필요한데, 이로 인해 세금이 올라갑니다.

이것 때문에 젊은 사람들이 세금을 더 많이 내야 하고요.

또, 가족들도 노인 분들을 돌보는 데 더 많은 시간과 돈을 써야 합니다.

이게 딱 지금의 상황이에요.

그래서 결국 젊은 가족 구성원들이 쓸 돈과 시간이 줄어들어 스트레스를 받게 됩니다.

▶ 스피킹 코치의 족집게 조언

Younger people have to pay more for this. Also, families have to spend more time and money taking care of older family members.

Also로 긴 문장 피하기 Younger people have to pay more for this, and families have to spend more time and money taking care of older family members. 이 문장은 다소 긴 감이 있어요, 그렇죠? 그냥 눈으로 읽을 때는 별 문제가 없어 보이지만 막상 이 문장을 입으로 말하면 다소 길게 느껴지죠. 그럼 이렇게 긴 문장을 피하는 방법에는 무엇이 있을까요? 바로 문장 중간의 and를 없애고, 그 대신 Also를 두 번째 문장의 맨 앞에 사용해 위에서처럼 두 개의 문장으로 끊어서 말하는 거예요. 이처럼 Also는 and로 이어지는 긴 문장을 짧게 말할 때 유용하게 쓸 수 있는 표현이에요.

UNIT 06

어떤 면에서 신용카드가 현금보다 더 좋아요?

원어민처럼 두괄식으로 말하기 한국어와 영어의 어순 구조 차이를 확인하세요.

결론부터 말하기

Kor **신용카드가** 현금보다 더 **용이**하고 훨씬 더 **편리해요.**

Eng 신용카드가 더 용이하지요 / 그리고 훨씬 더 편리해요 / 현금보다.

부연 설명하기 1

Kor 훨씬 더 **좋아요.**

Eng 그것들이(신용카드가) 훨씬 더 좋죠.

부연 설명하기 2

Kor 지금 돈이 수중에 얼마나 있는지 **걱정할 필요가 없고요.**

Eng 당신은 걱정할 필요가 없어요 / 얼마나 많은 돈을 당신이 가지고 있는지 / 수중에.

부연 설명하기 3

Kor 게다가 그냥 **카드만 빼서** 돈 지불하는 데 몇 초밖에 **안 걸려요.**

Eng 게다가 / 당신은 그저 그것을(카드를) 꺼내요 / 그리고 (시간이) 걸릴 뿐이죠 / 몇 초가 / 지불하는 데.

덧붙이기 1

Kor 요즘 **신용카드에는** 칩 같은 게 **있어요.**

Eng 카드는 가지고 있어요 / 어떤 것들을 / 칩 같은 / 그것들 위에 / 요즘에는.

덧붙이기 2

Kor 그냥 **카드를 판독기에 대고, 서명 같은 걸 할 필요도 없어요.**

Eng 당신은 그냥 판독기에 대요 / 그러고 나서는 / 당신이 서명할 필요가 없어요 / 아무것도.

마무리하기

Kor 미래에는 신용카드가 어떤 모습일지 **궁금하네요.**

Eng 나는 궁금해요 / 신용카드가 어떻게 될지 / 미래에는.

In what ways are credit cards better than cash?

원어민식 어구 배치 훈련 왼쪽 Eng 순서대로 어구를 배열해 보세요.

결론부터 말하기

credit cards are easier / than cash / and way more convenient.

---

way 훨씬   convenient 편리한

부연 설명하기 1

They're so much better.

---

so much 훨씬

부연 설명하기 2

how much money you have / you don't have to worry about / on you.

---

don't have to+동사원형 ~할 필요가 없다   worry about ~에 대해 걱정하다

부연 설명하기 3

a few seconds / you just pull it out / also, / and it only takes / to pay.

---

also 게다가, 또   pull ~ out ~을 꺼내다   take+시간 시간이 걸리다

덧붙이기 1

things / the cards have / on them / like chips / now.

---

thing like chips 칩 같은 것

덧붙이기 2

and then / you don't have to sign / you just swipe / anything.

---

swipe (신용카드 등을) 판독기에 대다

마무리하기

I wonder / in the future / what credit cards will be like.

---

wonder ~이 궁금하다   what ~ like (= how)

결론부터 말하기 　3회 듣기 ☐ ☐ ☐

Credit cards are easier/ and way more convenient than cash.

부연 설명하기 1 　3회 듣기 ☐ ☐ ☐

They're so much better.

부연 설명하기 2 　3회 듣기 ☐ ☐ ☐

You don't have to worry about/ how much money you have on you.

부연 설명하기 3 　3회 듣기 ☐ ☐ ☐

Also,/ you just pull it out/ and it only takes a few seconds to pay.

덧붙이기 1 　3회 듣기 ☐ ☐ ☐

The cards have things/ like chips on them now.

덧붙이기 2 　3회 듣기 ☐ ☐ ☐

You just swipe/ and then/ you don't have to sign anything.

마무리하기 　3회 듣기 ☐ ☐ ☐

I wonder what credit cards will be like/ in the future.

신용카드가 현금보다 더 용이하고 훨씬 더 편리해요.

훨씬 더 좋아요.

지금 돈이 수중에 얼마나 있는지 걱정할 필요가 없고요.

게다가 그냥 카드만 빼서 돈 지불하는 데 몇 초밖에 안 걸려요

요즘 신용카드에는 칩 같은 게 있어요.

그냥 카드를 판독기에 대고 긁으면 되고, 서명 같은 걸 할 필요도 없어요.

미래에는 신용카드가 어떤 모습일지 궁금하네요.

▶ 스피킹 코치의 족집게 조언

Credit cards are easier and way more convenient than cash.

way가 부사로 쓰일 때 way는 '길' 또는 '방법'이라는 명사로 쓰이는 것 이외에 부사로 쓰이기도 합니다. 그리고 부사로 쓰일 때는 '아주', '훨씬'이라는 강조의 의미를 나타내죠. 다음은 그 예들이에요.

My family lives way out of town. 우리 가족은 시내에서 아주 멀리 떨어져 살아요.
After the third lap, she was way behind the other runners.
세 바퀴를 뛴 다음부터 그녀는 다른 주자들에게 훨씬 뒤쳐졌어요.
His IQ is way above average. 그의 아이큐는 평균보다 훨씬 높아요.
The concert ticket was way more expensive than I thought.
콘서트 표가 제가 생각한 것보다 훨씬 더 비쌌어요.

UNIT
07

홈스쿨 교육의
장단점은
뭔가요?

원어민처럼 두괄식으로 말하기 한국어와 영어의 어순 구조 차이를 확인하세요.

결론부터 말하기

Kor **홈스쿨 교육에** 선택권이 더 **많지만** 사회성을 배우기가 **더 어려워요.**

Eng 홈스쿨 교육은 가지고 있어요 / 더 많은 선택권을 / 그렇지만 / 더 어려워요 / 배우기가 / 사회성을.

부연 설명하기 1

Kor 집에서 학습을 하게 되면 **학생들이** 온갖 멋진 것들을 **다 해볼 수가 있죠.**

Eng 학생들이 배우면 / 집에서 / 그들은 할 수 있어요 / 온갖 멋진 것들을.

예시하기

Kor **부모들이** 사방으로 학생들을 **데리고 다니면서** 현장 학습도 많이 **갈 수 있어요.**

Eng 그들의 부모님이 데려가 줄 수 있어요 / 그들을 / 수많은 현장 학습에 / 여기저기로.

부연 설명하기 2

Kor 또 **학생들이** 무엇에 집중할지 그리고 각 과목에 시간을 얼마만큼 할애하지 스스로 **결정할 수가 있죠.**

Eng 그들은 또 결정할 수 있어요 / 무엇에 집중할지 / 그리고 얼마나 많은 시간을 써야 할지 / 각 과목에.

대조하기

Kor 하지만 **사회성을** 배우기가 **더 어려워요.**

Eng 사회성은 더 어려워요 / 배우기에 / 그렇지만.

마무리하기

Kor 함께 시간을 보낼 자기 또래 **다른 학생들이 없으니까요.**

Eng 다른 학생들이 없어요 / 그들 또래인 / 함께 시간을 보낼.

What are the advantages or disadvantages of home schooling?

결론부터 말하기

but / to learn / home schooling has / social skills / it's harder / more choices.

choice 선택, 선택의 기회[풍부함]   social skill 사회적 기술, 사회성

부연 설명하기 1

all kinds of cool stuff / if students learn / they can do / at home,.

cool stuff 재미난 것, 멋진 것

예시하기

all over the place / them / their parents can take / on tons of field trips.

field trip 현장 학습   all over the place 여기저기로

부연 설명하기 2

what to focus on / they can also decide / on each subject / and how much time to spend.

focus on ~에 집중하다

대조하기

to learn, / social skills are harder / though.

though (문장 끝에 쓰여서) 그렇지만

마무리하기

their age / there aren't other students / to spend time with.

39

두뇌 입력 훈련 세 가지 속도의 음원을 3회 이상 듣고 두뇌 속에 문장을 입력해 주세요.

결론부터 말하기   3회 듣기 ☐ ☐ ☐

Home schooling has more choices/ but it's harder to learn social skills.

부연 설명하기 1   3회 듣기 ☐ ☐ ☐

If students learn at home,/ they can do all kinds of cool stuff.

예시하기   3회 듣기 ☐ ☐ ☐

Their parents can take them on tons of field trips/ all over the place.

부연 설명하기 2   3회 듣기 ☐ ☐ ☐

They can also decide what to focus on/ and how much time to spend on each subject.

대조하기   3회 듣기 ☐ ☐ ☐

Social skills are harder/ to learn, though.

마무리하기   3회 듣기 ☐ ☐ ☐

There aren't other students their age/ to spend time with.

홈스쿨 교육에 선택권이 더 많지만 사회성을 배우기가 더 어려워요.

___

집에서 학습을 하게 되면 학생들이 온갖 멋진 것들을 다 해볼 수가 있죠.

___

부모들이 사방으로 학생들을 데리고 다니면서 현장 학습도 많이 갈 수 있어요.

___

또 학생들이 무엇에 집중할지 그리고 각 과목에 시간을 얼마만큼 할애하지 스스로 결정할 수가 있죠.

___

하지만 사회성을 배우기가 더 어려워요.

___

함께 시간을 보낼 자기 또래 다른 학생들이 없으니까요.

___

▶ 스피킹 코치의 족집게 조언

They can also decide what to focus on and how much time to spend on each subject.

헷갈리는 subject(학교 과목) physical education이 무슨 과목일까요? 물리 교육? 아니에요. 체육을 바로 physical education이라고 합니다. 보통 줄여서 PE라고 말하죠. 이때 physical은 '몸', '신체'를 뜻하는 body의 형용사예요. 아무튼 미국 등 영어권 국가에서는 PE를 매우 중요한 과목으로 여겨요. 참, 학교 과목들 중에서 헷갈리기 쉬운 게 또 하나 있는데 바로 language arts라는 과목이에요. 여기서 language arts는 대개 초등학교(elementary school)에서 배우는 '국어' 또는 '언어' 과목을 가리키는데, 중고등학교(secondary school)에 가면 language arts 대신 English(영어) 과목을 본격적으로 배우죠.

UNIT 08

왜 과학이 학교에서 점점 인기가 줄고 있나요?

원어민처럼 두괄식으로 말하기 한국어와 영어의 어순 구조 차이를 확인하세요.

결론부터 말하기

Kor **선생님들이** 과학 수업 방식을 **바꿔** 최신 흐름을 따라 가려고 **하지 않아요.**

Eng 선생님들은 바꾸지 않고 있어요 / 방식을 / 그들이 과학을 가르치는 (방식을) / 최신 흐름에 따라 가기 위해.

부연 설명하기 1

Kor **학생들이 배우는 주제들은** 무척 많이 **바뀌었는데 교수법은 그대로예요.**

Eng 학생들이 배우는 주제들은 / 바뀌었어요 / 아주 많이 / 하지만 / 교육 방법은 안 바뀌었죠.

부연 설명하기 2

Kor **선생님들은** 아직도 교과서와 강의를 아주 많이 **사용해** 과학을 가르치고 있어요.

Eng 그들은 아직도 사용하고 있어요 / 아주 많은 교과서와 강의를 / 과학을 가르치기 위해서.

이유 밝히기

Kor 과학은 정말 흥미롭고 경이로운 과목일 수 있는데 **이렇게 하는 건** 아주 **멍청한 짓이죠.**

Eng 이건 정말 멍청한 짓이에요 / 왜냐하면 과학은 될 수 있거든요 / 정말 흥미롭고 경이롭게.

덧붙이기

Kor 우리들한테 오로지 문제만 풀게 했던 생물 선생님이 한 분 **계셨어요.**

Eng 나는 있었어요 / 생물 선생님이 한 명 / 우리가 아무것도 못하게 만들었던 / 문제 외에는.

마무리하기

Kor 그 시간에 교실 밖에 나가 자연에 대해 **배울 수도 있었는데 말이죠.**

Eng 그 시간에 / 우리는 배울 수도 있었을 텐데요 / 자연에 관해 / (교실) 바깥에서.

Why is science becoming less and less popular in schools?

원어민식 어구 배치 훈련 왼쪽 Eng 순서대로 어구를 배열해 보세요.

결론부터 말하기

they teach science / the way / teachers aren't changing / to keep up-to-date.

up-to-date 최신의

부연 설명하기 1

have changed / the topics that students learn about, / but / so much / the teaching methods haven't.

teaching method 교수법

부연 설명하기 2

so many textbooks and lectures / they're still using / to teach science.

lecture 강의

이유 밝히기

because science can be / this is so silly / very interesting and awesome.

awesome 경이로운

덧붙이기

one biology teacher / but questions / I had / who made us do nothing.

biology 생물학   but ~을 제외하고   nothing but ~을 제외하고는 아무것도(=단지)

마무리하기

we could've been learning / meanwhile, / outside / about nature.

meanwhile 한편, 그 사이에

43

결론부터 말하기　　　　　　　　　3회 듣기 ☐ ☐ ☐

Teachers aren't changing the way they teach science/
to keep up-to-date.

부연 설명하기 1　　　　　　　　　3회 듣기 ☐ ☐ ☐

The topics that students learn about/ have changed
so much,/ but the teaching methods haven't.

부연 설명하기 2　　　　　　　　　3회 듣기 ☐ ☐ ☐

They're still using so many textbooks and lectures/ to
teach science.

이유 밝히기　　　　　　　　　　　3회 듣기 ☐ ☐ ☐

This is so silly/ because science can be very
interesting and awesome.

덧붙이기　　　　　　　　　　　　3회 듣기 ☐ ☐ ☐

I had one biology teacher/ who made us do nothing
but questions.

마무리하기　　　　　　　　　　　3회 듣기 ☐ ☐ ☐

Meanwhile,/ we could've been learning about
nature/ outside.

선생님들이 과학 수업 방식을 바꿔 최신 흐름을 따라 가려고 하지 않아요.

___

학생들이 배우는 주제들은 무척 많이 바뀌었는데 교수법은 그대로예요.

___

선생님들은 아직도 교과서와 강의를 아주 많이 사용해 과학을 가르치고 있어요.

___

과학은 정말 흥미롭고 경이로운 과목일 수 있는데 이렇게 하는 건 아주 멍청한 짓이죠.

___

우리들한테 오로지 문제만 풀게 했던 생물 선생님이 한 분 계셨어요.

___

그 시간에 교실 밖에 나가 자연에 대해 배울 수도 있었는데 말이죠.

___

▶ 스피킹 코치의 족집게 조언

Meanwhile, we could've been learning about nature outside.

'한편' …. 앞 문장에 이어서 대조되는 내용의 문장을 말할 때, 즉 '한편'이라는 의미로 사용할 수 있는 표현이 뭘까요? 이때 주로 사용하는 영어 표현은 두 가지예요. 하나는 On the other hand이고, 또 하나는 Meanwhile이에요. 여기서 Meanwhile은 문장 맨 앞에 위치해 '한편'이란 의미로도 쓰이지만, in the meantime, 즉 '그러는 동안에'라는 의미로도 쓰인다는 걸 아울러 알아두세요. 다음은 meanwhile이 '한편'이란 의미로 쓰인 예예요.

Stress can be extremely damaging to your health. Meanwhile, exercise can reduce it. 스트레스는 건강을 극도로 손상시킬 수가 있어요. 한편, 운동은 스트레스를 줄일 수가 있죠.

45

UNIT
09

왜 10대들은 그토록 심하게 반항하고 싶어 하죠?

원어민처럼 두괄식으로 말하기 한국어와 영어의 어순 구조 차이를 확인하세요.

결론부터 말하기

Kor **10대들은** 어른이 **되는 과정에 있고**, 그래서 자기들 나름대로 살아가는 방식을 **터득하는 중이에요.**

Eng 10대들은 되는 중이에요 / 성인이 / 그래서 / 그들은 배우는 중이죠 / 여러 가지 것들을 하는 것을 / 그들만의 방식으로.

부연 설명하기 1

Kor 독립적인 사람이 되는 건 **평범하고 자연스러운 일이에요.**

Eng 정상적이고 자연스러운 일이에요 / 되는 것은 / 자기 정체성을 가진 사람이.

부연 설명하기 2

Kor **10대들은** 자기네가 모든 답을 알고 있고, 또 자신들에게 뭐가 최선인지도 알고 있다고 **생각해요.**

Eng 10대들은 생각해요 / 그들이 가지고 있다고 / 모든 답을 / 그리고 그들이 안다고 (생각해요) / 무엇이 최선인지 / 자신들에게.

부연 설명하기 3

Kor 그래서 **10대들은** 어른들이 자신들에게 뭘 하라고 말하는 걸 정말 **싫어하죠.**

Eng 그래서 / 그들은 아주 싫어해요 / 어른들이 그들에게 말하는 걸 / 무엇을 하라고.

부연 설명하기 4

Kor **그들은** 문제를 해결할 수 있게 자신들을 그냥 혼자 내버려 두**기를 원합니다.**

Eng 그들은 그냥 원해요 / 내버려 둬두기를 / 혼자 / 일들을 해결할 수 있게.

마무리하기

Kor 10대들 스스로가 직접 실수를 해봐**야 해요.**

Eng 그들은 필요해요 / 만드는 것이 / 자신의 실수를.

Why is it that teenagers want to rebel so much?

원어민식 어구 배치 훈련 왼쪽 Eng 순서대로 어구를 배열해 보세요.

결론부터 말하기

they're learning / teenagers are becoming / so / to do things / adults, / their own way.

adult 어른   one's own way 자신만의 방법(으로)

부연 설명하기 1

to become / it's a normal and natural thing / your own person.

normal 정상적인   one's own person 정체성을 가진 사람

부연 설명하기 2

what's best / teenagers think / all the answers / they have / and that they know / for themselves.

know what's best 무엇이 가장 좋은지 알다

부연 설명하기 3

they really hate / that's why / what to do / adults telling them.

that's why 그래서   hate 싫어하다

부연 설명하기 4

to be left / they just want / to figure things out / alone.

leave ~ alone 내버려두다, 간섭하지 않다   figure out 해결하다, 생각해 내다

마무리하기

to make / they need / their own mistakes.

mistake 실수   make one's mistake 실수를 하다

47

MP3 09-01

두뇌 입력 훈련 세 가지 속도의 음원을 3회 이상 듣고 두뇌 속에 문장을 입력해 주세요.

결론부터 말하기   3회 듣기 ☐ ☐ ☐

Teenagers are becoming adults,/ so they're learning to do things/ their own way.

부연 설명하기 1   3회 듣기 ☐ ☐ ☐

It's a normal and natural thing/ to become your own person.

부연 설명하기 2   3회 듣기 ☐ ☐ ☐

Teenagers think they have all the answers/ and that they know what's best for themselves.

부연 설명하기 3   3회 듣기 ☐ ☐ ☐

That's why they really hate/ adults telling them what to do.

부연 설명하기 4   3회 듣기 ☐ ☐ ☐

They just want to be left alone/ to figure things out.

마무리하기   3회 듣기 ☐ ☐ ☐

They need to make their own mistakes.

10대들은 어른이 되는 과정에 있고, 그래서 자기들 나름대로 살아가는 방식을 터득하는 중이에요.

독립적인 사람이 되는 건 평범하고 자연스러운 일이에요.

10대들은 자기네가 모든 답을 알고 있고, 또 자신들에게 뭐가 최선인지도 알고 있다고 생각해요.

그래서 10대들은 어른들이 자신들에게 뭘 하라고 말하는 걸 정말 싫어하죠.

그들은 문제를 해결할 수 있게 자신들을 그냥 혼자 내버려 두기를 원합니다.

10대들 스스로가 직접 실수를 해봐야 해요.

▶ 스피킹 코치의 족집게 조언

Teenagers think they have all the answers and that they know what's best for themselves.

'청소년들'을 뜻하는 다양한 단어 영어에서 '청소년들'을 뜻하는 단어는 매우 다양해요. teenagers, teens, adolescents, juveniles, youngsters, youth 등이 모두 '청소년들'을 가리키는 단어들이죠. 이 중 teenagers와 teens는 '10대들'이라는 의미로, '10대 초반의 아이들'이라고 할 때는 low teens, '10대 중반의 아이들'과 '10대 후반의 아이들'이라고 할 때는 각각 middle teens, high teens라고 말해요. 한편, '미성년자'라고 할 때는 "Minors Forbidden"(미성년자 출입금지)이라는 문구에서처럼 minor라는 단어를 사용하죠.

49

왜 사람들은
유행을 따르죠?

원어민처럼 두괄식으로 말하기 한국어와 영어의 어순 구조 차이를 확인하세요

결론부터 말하기

Kor (남들과) 잘 어울리고 싶어서 **사람들은** 유행을 **따라요**.

Eng 사람들은 따라요 / 유행을 / 그들이 원하기 때문이죠 / (사람들과) 조화를 이루기를.

부연 설명하기 1

Kor **옷 입는 스타일은** 남들이 하는 걸 따라 할 수 있는 쉬운 방법**이죠**.

Eng 옷 입는 스타일은 ~예요 / 쉬운 방법 / 따라 하기 (쉬운) / 다른 사람들이 하는 것을.

부연 설명하기 2

Kor 그런 식으로 남이 뭘 입는지 **조사한 다음** 똑같은 것을 **삽니다**.

Eng 그런 식으로 / 사람들은 살필 수 있어요 / 뭘 다른 사람이 입는지 / 그리고 구하죠 / 똑같은 것을.

덧붙이기 1

Kor **사람들 대부분은** 어딘가에 속하고 **싶어 해요**.

Eng 대부분의 사람들은 원해요 / 소속하기를.

덧붙이기 2

Kor 소속감을 느끼고 **싶어 하죠**.

Eng 그들은 원해요 / ~처럼 느껴지는 걸 / 그들이 ~이다고 / 어떤 것들의 일부.

덧붙이기 3

Kor 잡지와 TV 속 유행을 **쉽게 따를 수 있습니다**.

Eng 그들은 쉽게 따라 할 수 있어요 / 유행을 / 잡지에 나온 / 그리고 TV에 나온 (유행을).

마무리하기

Kor 그렇게 하는 건 아주 자연스러운 일인 **것 같아요**.

Eng ~처럼 보여요 / 아주 자연스러운 일인 것 / 그렇게 하는 게.

Why do people follow fashion?

원어민식 어구 배치 훈련 왼쪽 Eng 순서대로 어구를 배열해 보세요.

결론부터 말하기

because they want / people follow / to fit in / fashion.

fit in 조화하다

부연 설명하기 1

an easy way / to copy / clothing style's / what other people do.

copy 따라 하다

부연 설명하기 2

what somebody wears / you can study / and get / that way, / the same thing.

you 여기서는 일반 사람들을 지칭   study 살피다   wear 입다

덧붙이기 1

most people want / to belong.

belong 속하다

덧붙이기 2

part of things / to feel like / they want / they're.

part of ~의 일부

덧붙이기 3

fashion / they can easily follow / and on TV / in magazines.

마무리하기

it seems / to do / to be a very natural thing.

it seems to+동사원형 ~인 것 같다

두뇌 입력 훈련 세 가지 속도의 음원을 3회 이상 듣고 두뇌 속에 문장을 입력해 주세요.

결론부터 말하기　　　　　　　　　　3회 듣기 ☐ ☐ ☐

People follow fashion/ because they want to fit in.

부연 설명하기 1　　　　　　　　　　3회 듣기 ☐ ☐ ☐

Clothing style's an easy way to copy/ what other people do.

부연 설명하기 2　　　　　　　　　　3회 듣기 ☐ ☐ ☐

That way,/ you can study what somebody wears/ and get the same thing.

덧붙이기 1　　　　　　　　　　3회 듣기 ☐ ☐ ☐

Most people want to belong.

덧붙이기 2　　　　　　　　　　3회 듣기 ☐ ☐ ☐

They want to feel like/ they're part of things.

덧붙이기 3　　　　　　　　　　3회 듣기 ☐ ☐ ☐

They can easily follow fashion in magazines/ and on TV.

마무리하기　　　　　　　　　　3회 듣기 ☐ ☐ ☐

It seems to be a very natural thing/ to do.

(남들과) 잘 어울리고 싶어서 사람들은 유행을 따라요.

옷 입는 스타일은 남들이 하는 걸 따라 할 수 있는 쉬운 방법이죠.

그런 식으로 남이 뭘 입는지 조사한 다음 똑같은 것을 삽니다.

사람들 대부분은 어딘가에 속하고 싶어 해요.

소속감을 느끼고 싶어 하죠.

잡지와 TV 속 유행을 쉽게 따를 수 있습니다.

그렇게 하는 건 아주 자연스러운 일인 것 같아요.

▶ 스피킹 코치의 족집게 조언

People follow fashion because they want to fit in.

이유를 밝힐 때 사용하는 Function 익히기 특정 상황에서 쓸 수 있는 기본 문장 패턴을 가리켜 Function이라고 합니다. 다음은 이유를 밝힐 때 쓰는 Function들로, 스피킹 시험에서도 유용하게 쓰이므로 꼭 알아두세요.

Since ~, .../ ... because ~. ~ 때문에 …예요.
That is mainly because ~. 그것은 주로 ~ 때문이에요.
The primary reason for X is that ~. X의 주된 이유는 ~예요.
There are three reasons why ~: firstly ...., secondly ...., and lastly ...
~하는 것에는 세 가지 이유가 있어요. 즉, 첫째로, ... 둘째로, ... 그리고 마지막으로, ...예요.
For this reason, ~. 이러한 이유 때문에 ~예요.
It is for this reason that ~. ~은 바로 이런 이유 때문이에요.

53

UNIT 11

도시와 시골 지역 간의
격차를 없애기 위해
무엇을 할 수 있을까요?

원어민처럼 두괄식으로 말하기 한국어와 영어의 어순 구조 차이를 확인하세요.

결론부터 말하기

Kor 보다 많은 사람들이 시골로 이주할 수 있게 **정부가 장려할 수 있겠죠.**

Eng 정부는 장려할 수 있어요 / 더 많은 사람들이 / 이주하도록 / 시골로.

예시하기 1

Kor 가령 시골 지역에 대해 세금을 낮춰 **줄 수 있을 거예요.**

Eng 가령 / 그들은 만들 수 있어요 / 세금이 낮아지게 / 시골 지역을 위해서.

예시하기 2

Kor 아니면 그냥 거기로 이주하는 것 자체를 더 쉽게 **해줄 수도 있을 거예요.**

Eng 아니면 / 그들은 그냥 만들 수 있어요 / 더 쉽게 / 이사 가는 걸 / 그쪽으로.

부연 설명하기 1

Kor 지금 당장은 도시 생활이 정말 편하죠.

Eng 지금 당장은 / 도시 생활이 정말 편하죠.

부연 설명하기 2

Kor 원하는 것이 모두 **있으니까 모두가** 도시에 살기를 **원해요.**

Eng 당신은 가지고 있어요 / 당신이 원하는 모든 것을 / 그래서 / 모두가 원해요 / 사는 것을 / 거기에서.

제안하기

Kor 시골 지역에 선택할 수 있는 오락거리를 좀 더 제공하면 **어떨까요?**

Eng 어때요 / 좀 더 많은 오락거리 선택권은 / 시골 지역에?

마무리하기

Kor 결국 **사람들은** 재미있게 살고 **싶어 하니까요.**

Eng 어쨌든 / 사람들은 원해요 / 재미있길.

54   PART 1

What can be done to close the gap between urban and rural areas?

원어민식 어구 배치 훈련 왼쪽 Eng 순서대로 어구를 배열해 보세요.

결론부터 말하기

more people / the government can encourage / to the country / to move.

encourage 격려하다   country 시골

예시하기 1

they can make / like maybe / for rural places / taxes lower.

like maybe 가령   tax 세금   rural 시골의

예시하기 2

they can just make / or maybe / it easier / there / to move out.

move out 이주하다

부연 설명하기 1

right now, / city life's just easier.

right now 지금 당장(은)   just 정말, 완전히

부연 설명하기 2

so / you've got / everyone wants / everything you want / there / to live.

've got = have 가지고 있다

제안하기

some more entertainment choices / how about / in rural areas?

entertainment 오락거리

마무리하기

people want / after all, / to have fun.

after all 결국   have fun 재미있게 지내다

55

결론부터 말하기   3회 듣기 ☐ ☐ ☐

The government can encourage more people/ to move to the country.

예시하기 1   3회 듣기 ☐ ☐ ☐

Like maybe/ they can make taxes lower/ for rural places.

예시하기 2   3회 듣기 ☐ ☐ ☐

Or maybe/ they can just make it easier/ to move out there.

부연 설명하기 1   3회 듣기 ☐ ☐ ☐

Right now,/ city life's just easier.

부연 설명하기 2   3회 듣기 ☐ ☐ ☐

You've got everything you want/ so everyone wants to live there.

제안하기   3회 듣기 ☐ ☐ ☐

How about some more entertainment choices/ in rural areas?

마무리하기   3회 듣기 ☐ ☐ ☐

After all,/ people want to have fun.

동시통번역 **훈련** 우리말을 영어로 말하고 쓰고 들으세요.

보다 많은 사람들이 시골로 이주할 수 있게 정부가 장려할 수 있겠죠.

가령 시골 지역에 대해 세금을 낮춰 줄 수 있을 거예요.

아니면 그냥 거기로 이주하는 것 자체를 더 쉽게 해줄 수도 있을 거예요.

지금 당장은 도시 생활이 정말 편하죠.

원하는 것이 모두 있으니까 모두가 도시에 살기를 원해요.

시골 지역에 선택할 수 있는 오락거리를 좀 더 제공하면 어떨까요?

결국 사람들은 재미있게 살고 싶어 하니까요.

▶ 스피킹 코치의 족집게 조언

Like maybe they can make taxes lower for rural places.

rural vs. rustic '시골' 또는 '전원'을 뜻하는 the country의 형용사형은 두 가지예요. 하나는 '시골의', '전원의'라는 뜻의 rural[루럴]이고, 또 하나는 비유적인 의미로 '시골풍의', '촌스러운' 이라는 뜻의 rustic[롸스틱]이에요. 한편, '도시'를 뜻하는 city나 town의 경우도 역시 형용사형이 두 가지예요. 하나는 '도시의'라는 뜻의 urban[어-번]이고, 다른 하나는 '도시풍의', '세련된' 이라는 비유적인 의미의 urbane[어-베인]이에요. 각각의 용법을 알아두세요.

rural landscape 시골[전원] 풍경
cheap rustic dresses 싸구려의 촌스러운 옷들
urban planning 도시 계획
urbane clothing[cafe] 세련된 복장[카페]

지구가 직면한 최대 과제는 무엇인가요?

원어민처럼 두괄식으로 말하기 한국어와 영어의 어순 구조 차이를 확인하세요.

결론부터 말하기

Kor **인구 과잉이** 지구의 최대 과제**죠.**

Eng 인구 과잉이 ~예요 / 지구의 최대 과제.

이유 밝히기 1

Kor 지구에 사는 **사람 수가** 아주 빨리 **늘고 있어요.**

Eng 사람들의 수가 / 지구상에 있는 / 늘고 있어요 / 아주 빠르게.

이유 밝히기 2

Kor 사람들을 먹일 **식량은 충분히 없는데 말이죠.**

Eng 충분한 식량이 없어요 / 그들을 먹일 (식량).

이유 밝히기 3

Kor 또 **자원들도 충분하지 않아서** 현재 우리의 생활 방식을 **유지하고** 늘어나는 인구를 먹여 **살릴 수 없을 거예요.**

Eng 또 충분한 자원도 없어요 / 그래서 / 우리는 유지할 수 없어요 / 우리의 생활 방식을 / 그리고 지탱할 수 없어요 / 늘어나는 인구를.

덧붙이기 1

Kor 아마 **지구가** 제대로 돌아가**지 않을 겁니다.**

Eng 그것이 기능을 못할 겁니다.

덧붙이기 2

Kor 지구가 얼마나 감당할 수 있을지는 **한계가 있어요.**

Eng 한계가 있어요 / 얼마나 지구가 감당할 수 있는가에.

마무리하기

Kor **우리는** 지구상의 수많은 사람들을 건사할 방법을 찾아내**야 해요.**

Eng 우리는 필요해요 / 찾아내는 것이 / 다루는 방법을 / 너무나 많은 사람들을 / 지구상에 있는.

What is the biggest challenge facing Earth?

결론부터 말하기

overpopulation is / Earth's biggest challenge.

overpopulation 인구 과잉[과밀]　challenge (해볼 만한) 과제

이유 밝히기 1

on the planet / the number of people / so fast / is going up.

go up 올라가다

이유 밝히기 2

there's not enough food / to feed them.

feed 먹이다

이유 밝히기 3

we can't keep up / there're also not enough resources, / and support / our lifestyle / so / a growing population.

resource 자원　lifestyle 생활 방식

덧붙이기 1

it's not going to work.

it = Earth, the planet　work (계획 따위가) 잘 되어 나가다, 성공하다

덧붙이기 2

there is a limit / to how much the earth can handle.

limit 한계　handle 감당하다

마무리하기

on the planet / we need / how to deal with / to figure out / too many people.

figure out 생각해 내다　how to+동사원형 ~하는 (방)법　deal with 다루다, 건사하다

59

두뇌 입력 훈련 세 가지 속도의 음원을 3회 이상 듣고 두뇌 속에 문장을 입력해 주세요.

결론부터 말하기   3회 듣기 ☐ ☐ ☐

Overpopulation is Earth's biggest challenge.

이유 밝히기 1   3회 듣기 ☐ ☐ ☐

The number of people on the planet/ is going up so fast.

이유 밝히기 2   3회 듣기 ☐ ☐ ☐

There's not enough food/ to feed them.

이유 밝히기 3   3회 듣기 ☐ ☐ ☐

There're also not enough resources,/ so we can't keep up our lifestyle/ and support a growing population.

덧붙이기 1   3회 듣기 ☐ ☐ ☐

It's not going to work.

덧붙이기 2   3회 듣기 ☐ ☐ ☐

There is a limit/ to how much the earth can handle.

마무리하기   3회 듣기 ☐ ☐ ☐

We need to figure out/ how to deal with too many people on the planet.

MP3 12-02

동시통역 훈련 우리말을 영어로 말하고 쓰고 들으세요.

인구 과잉이 지구의 최대 과제죠.

지구에 사는 사람 수가 아주 빨리 늘고 있어요.

사람들을 먹일 식량은 충분히 없는데 말이죠.

또 자원들도 충분하지 않아서 현재 우리의 생활 방식을 유지하고 늘어나는 인구를 먹여 살릴 수 없을 거예요.

아마 지구가 제대로 돌아가지 않을 겁니다.

지구가 얼마나 감당할 수 있을지는 한계가 있어요.

우리는 지구상의 수많은 사람들을 건사할 방법을 찾아내야 해요.

▶ 스피킹 코치의 족집게 조언

We need to figure out how to deal with too many people on the planet.

figure out = work out 책으로 배울 때는 별로 보거나 듣지 못한 건데 실제 원어민들은 자주 사용하는 영어 표현들이 가끔 있어요. figure out이 그중 하나죠. 평소 원어민들이 말하는 것을 듣고 있노라면 I can't figure it out.(이해가 안 돼요.)처럼 understand 대신에 figure out을 자주 사용하는 걸 알 수 있어요. figure out은 '이해하다'라는 뜻 외에도 work out, 즉 '생각해 내다', '알아내다'라는 의미로 쓰이기도 합니다.

Can you figure out how to do it? 그걸 어떻게 하는지 생각해 낼 수 있겠어요?
If I have a map, I can figure it out. 지도가 있다면 알아낼 수 있을 거예요.

UNIT 13 노벨상 수상자들의 공통점은 무엇인가요?

원어민처럼 두괄식으로 말하기 한국어와 영어의 어순 구조 차이를 확인하세요.

결론부터 말하기

Kor **그들 모두** 세상을 좀 더 나은 곳으로 만드는 데 보탬이 되는 일들을 **하죠.**

Eng 그들은 모두 합니다 / 그런 것들을 / 도움이 되는 (그런 것들을) / 세상을 좀 더 나은 곳으로 만드는 데.

부연 설명하기 1

Kor **노벨상은** 다양한 많은 분야에 **수여됩니다.**

Eng 그 상은 주어집니다 / 엄청 많고 다양한 분야에서.

예시하기

Kor 이를테면, 화학뿐 아니라 문학 분야에서도 **수상자가 있죠.**

Eng 이를테면 / 수상자가 있어요 / 화학 분야에 / 하지만 또 문학 분야에도 (있어요).

부연 설명하기 2

Kor 하지만 **모든 수상자들은** 새롭고 대단한 일을 **해냈습니다.**

Eng 그러나 / 모든 수상자들은 했어요 / 뭔가 새롭게 대단한 일을.

부연 설명하기 3

Kor **노벨상은** 기본적으로 우리 삶에 유익하고 경탄할 만한 것들을 보태는 사람들에게 **갑니다.**

Eng 그것은 기본적으로 갑니다 / 누구에게나 / 뭔가 유익하고 경탄할 만한 것을 보태는 (사람에게) / 우리 삶에.

마무리하기

Kor **제 생각에** 그들은 모두 영웅이에요.

Eng 전 생각해요 / 그들은 ~이다라고 / 모두 영웅들.

What do Nobel Prize winners have in common?

원어민식 어구 배치 훈련 왼쪽 Eng 순서대로 어구를 배열해 보세요.

결론부터 말하기

that help / things / to make the world a better place / they all do.

부연 설명하기 1

the prize is given / in a ton of different areas.

prize 상

예시하기

like, / in chemistry / there's a winner / but also in literature.

winner 수상자   chemistry 화학

부연 설명하기 2

all the winners did / but / something new and great.

부연 설명하기 3

who adds something helpful and awesome / to anyone / it basically goes / to our lives.

add 보태다

마무리하기

all heroes / they're / I think.

hero 영웅

MP3 13-01

두뇌 입력 훈련 세 가지 속도의 음원을 3회 이상 듣고 두뇌 속에 문장을 입력해 주세요.

결론부터 말하기   3회 듣기 ☐ ☐ ☐

They all do things/ that help to make the world a better place.

부연 설명하기 1   3회 듣기 ☐ ☐ ☐

The prize is given/ in a ton of different areas.

예시하기   3회 듣기 ☐ ☐ ☐

Like,/ there's a winner in chemistry/ but also in literature.

부연 설명하기 2   3회 듣기 ☐ ☐ ☐

But all the winners did something new and great.

부연 설명하기 3   3회 듣기 ☐ ☐ ☐

It basically goes to anyone/ who adds something helpful and awesome to our lives.

마무리하기   3회 듣기 ☐ ☐ ☐

I think/ they're all heroes.

그들 모두 세상을 좀 더 나은 곳으로 만드는 데 보탬이 되는 일들을 하죠.

노벨상은 다양한 많은 분야에 수여됩니다.

이를테면, 화학뿐 아니라 문학 분야에서도 수상자가 있죠.

하지만 모든 수상자들은 새롭고 대단한 일을 해냈습니다.

노벨상은 기본적으로 우리 삶에 유익하고 경탄할 만한 것들을 보태는 사람들에게 갑니다.

제 생각에 그들은 모두 영웅이에요.

▶ 스피킹 코치의 족집게 조언

Like, there's a winner in chemistry but also in literature.

like를 문장 맨 처음에 말할 때 다음에 할 말을 생각하거나 혹은 어떤 예를 들 때 문장 첫머리에 종종 사용하는 표현이 있어요. 바로 like지요. like는 보통 그 다음에 명사 등의 표현이 와서 '~처럼'이라는 의미의 전치사로 쓰이지만, 이처럼 문장 맨 앞에 홀로 쓰일 때는 '거 뭐냐', '있잖아', '이를테면'이라는 뜻의 부사가 됩니다. 다소 회화체적인 표현이지만 시험 같은 상황에서도 사용할 수 있는 표현이랍니다.

It's really hard. Like, I have no time for my own work.
그건 정말 곤란해요. 있잖아요, 제 일을 할 시간도 없단 말이에요.

REVIEW

PART 1

한글 해석만 보고도 영어가 바로 나온다면 ★★★,
반 정도 나온다면 ★★, 1/3도 나오지 못한다면 ★ 해보세요.
별 세 개가 나오지 못하면 앞으로 돌아가 다시 훈련하시는 것, 잊지 마세요.

01

체크해 보세요

QUESTION Why are people so worried about the way their body looks?

왜 사람들은 자신의 외모에 대해 그렇게 염려하죠?

사람들은 TV에 나오는 유명인처럼 보이려고 너무 애를 써요.

여러 프로그램에서 완벽한 신체를 가진 사람들을 보게 되죠.

그럼 모든 사람들의 외모가 그래야 할 거라고 생각하지만, 현실은 그렇지 않다는 걸 깨닫지 못해요.

자기 몸매를 있는 그대로 받아들이고 현재 모습에 만족해야 해요.

그렇게 하면 압박을 덜 느끼게 돼요.

People are trying too hard to look like TV celebrities. They see people with perfect bodies on different shows. Then they think that's how everyone should look, but they don't realize that it's not reality. They need to accept their own bodies and be happy with who they are. That way, they'll feel less pressure.

02

QUESTION Why do you think so many people are addicted to coffee?

왜 그렇게 많은 사람들이 커피에 중독돼 있다고 생각해요?

많은 사람들이 아침에 잠에서 깨려면 커피가 필요해서 사람들이 이것에 익숙해지게 돼요.
매일 똑같은 걸 하게 되면 고치기 힘든 습관이 돼 버린답니다.
커피가 정신을 좀 더 초롱초롱하게 해주는 방식에 사람들이 익숙해져 있어요.
그래서 그런 똑같은 기분을 계속 느끼고 싶어 하죠.
몸 역시 커피로 잠을 깨는 것에 익숙해져 버리는 겁니다.

A lot of people need coffee to wake up in the morning, so they get used • to it. If you do the same thing every day, it becomes a habit that's hard to break. People get used to the way coffee makes them feel more alert. Then they want to have that same feeling again and again. Their body gets used to being woken up by coffee.

03

QUESTION Why do women like shopping more than men?

왜 여성이 남성보다 쇼핑을 더 좋아하죠?

여성이 남성보다 스타일과 유행에 관심이 많고 또 좋아하죠.
여성들한테는 사람들에게 뭐가 잘 어울릴지 훨씬 더 좋은 아이디어가 있어요.
의복이나 뭐 그런 것에 흥미가 더 많죠.
남성들도 대부분 멋지게 보이고 싶어 하지만 그만큼 신경을 쓰진 않아요.
제 생각에 여성들이 또 인내심도 아주 많고, 상점에서 남 눈치를 안 보고 물건을 구경해요.
하지만 남성은 가능한 한 쇼핑을 빨리 끝내 버리고 싶어 하죠.

Women are more into style and fashion than men. They just have a lot better idea what looks good on people. They're more interested in clothing and stuff like that. Men mostly want to look nice too, but they don't care as much. I think women also have more patience, and they don't mind just checking things out in stores. Men want to get their shopping done as soon as possible.

04

QUESTION Is unemployment a problem in your country?

당신네 나라에서는 실업이 문제인가요?

실업이 우리나라에선 정말 큰 문제예요.
도처에 일자리를 찾고 있는 사람들이 점점 더 많은 것 같아요.
가족이 있는데 일자리를 못 구하는 사람들에게는 힘든 일일 거예요.
그런 사람들을 보면 참 안쓰러워요.
일자리를 원하는 사람들 모두 일자리를 얻으면 좋겠어요.
하지만 일부 사람들은 게을러서 일하고 싶어 하지 않는 것 같아요.
그런 사람들 때문에 일자리를 찾고 있는 다른 모든 사람들이 욕을 먹는 거예요.

Unemployment is a really big problem in my country. It seems like there are more and more people looking for work everywhere. It's got to be hard for people who have a family and can't find a job. I feel so bad for them. I wish that everybody who wanted a job could get one. Still, I think some of them don't want to work because they're lazy. They give all the other people who are looking for work a bad name.

05

QUESTION What are the problems with having an aging population?

인구 고령화에 따르는 문제는 뭔가요?

노령 인구는 의료비용을 많이 발생시키고 가족들에게 더 많은 스트레스를 안겨 줍니다.
어르신들은 보다 많은 의료 서비스가 필요한데, 이로 인해 세금이 올라갑니다.
이것 때문에 젊은 사람들이 세금을 더 많이 내야 하고요.
또, 가족들도 노인 분들을 돌보는 데 더 많은 시간과 돈을 써야 합니다.
이게 딱 지금의 상황이에요.
그래서 결국 젊은 가족 구성원들이 쓸 돈과 시간이 줄어들어 스트레스를 받게 됩니다.

An aging population causes high medical costs and more stress on families. Older people need more healthcare and this makes taxes go up. Younger people have to pay more for this. Also, families have to spend more time and money taking care of older family members. That's just the way it is. So, young families end up with less money and time, which causes stress.

06

QUESTION In what ways are credit cards better than cash?

어떤 면에서 신용카드가 현금보다 더 좋아요?

신용카드가 현금보다 더 용이하고 훨씬 더 편리해요.
훨씬 더 좋아요.
지금 돈이 수중에 얼마나 있는지 걱정할 필요가 없고요.
게다가 그냥 카드만 빼서 돈 지불하는 데 몇 초밖에 안 걸려요.
요즘 신용카드에는 칩 같은 게 있어요.
그냥 카드를 판독기에 대고 긁으면 되고, 서명 같은 걸 할 필요도 없어요.
미래에는 신용카드가 어떤 모습일지 궁금하네요.

Credit cards are easier and way more convenient than cash. They're so much better. You don't have to worry about how much money you have on you. Also, you just pull it out and it only takes a few seconds to pay. The cards have things like chips on them now. You just swipe and then you don't have to sign anything. I wonder what credit cards will be like in the future.

07

QUESTION What are the advantages or disadvantages of home schooling?

홈스쿨 교육의 장단점은 뭔가요?

홈스쿨 교육에 선택권이 더 많지만 사회성을 배우기가 더 어려워요.
집에서 학습을 하게 되면 학생들이 온갖 멋진 것들을 다 해볼 수가 있죠.
부모들이 사방으로 학생들을 데리고 다니면서 현장 학습도 많이 갈 수 있어요.
또 학생들이 무엇에 집중할지 그리고 각 과목에 시간을 얼마만큼 할애할지 스스로 결정할 수가 있죠.
하지만 사회성을 배우기가 더 어려워요.
함께 시간을 보낼 자기 또래 다른 학생들이 없으니까요.

Home schooling has more choices but it's harder to learn social skills. If students learn at home, they can do all kinds of cool stuff. Their parents can take them on tons of field trips all over the place. They can also decide what to focus on and how much time to spend on each subject. Social skills are harder to learn, though. There aren't other students their age to spend time with.

08

체크해 보세요

QUESTION Why is science becoming less and less popular in schools?

왜 과학이 학교에서 점점 인기가 줄고 있나요?

> 선생님들이 과학 수업 방식을 바꿔 최신 흐름을 따라 가려고 하지 않아요.
> 학생들이 배우는 주제들은 무척 많이 바뀌었는데 교수법은 그대로예요.
> 선생님들은 아직도 교과서와 강의를 아주 많이 사용해 과학을 가르치고 있어요.
> 과학은 정말 흥미롭고 경이로운 과목일 수 있는데 이렇게 하는 건 아주 멍청한 짓이죠.
> 우리들한테 오로지 문제만 풀게 했던 생물 선생님이 한 분 계셨어요.
> 그 시간에 교실 밖에 나가 자연에 대해 배울 수도 있었는데 말이죠.

> Teachers aren't changing the way they teach science to keep up-to-date. The topics that students learn about have changed so much, but the teaching methods haven't. They're still using so many textbooks and lectures to teach science. This is so silly because science can be very interesting and awesome. I had one biology teacher who made us do nothing but questions. Meanwhile, we could've been learning about nature outside.

09

체크해 보세요

QUESTION Why is it that teenagers want to rebel so much?

왜 10대들은 그토록 심하게 반항하고 싶어 하죠?

> 10대들은 어른이 되는 과정에 있고, 그래서 자기들 나름대로 살아가는 방식을 터득하는 중이에요.
> 독립적인 사람이 되는 건 평범하고 자연스러운 일이에요.
> 10대들은 자기네가 모든 답을 알고 있고, 또 자신들에게 뭐가 최선인지도 알고 있다고 생각해요.
> 그래서 10대들은 어른들이 자신들에게 뭘 하라고 말하는 걸 정말 싫어하죠.
> 그들은 문제를 해결할 수 있게 자신들을 그냥 혼자 내버려 두기를 원합니다.
> 10대 스스로가 직접 실수를 해봐야 해요.

> Teenagers are becoming adults, so they're learning to do things their own way. It's a normal and natural thing to become your own person. Teenagers think they have all the answers and that they know what's best for themselves. That's why they really hate adults telling them what to do. They just want to be left alone to figure things out. They need to make their own mistakes.

10

QUESTION Why do people follow fashion?

왜 사람들은 유행을 따르죠?

(남들과) 잘 어울리고 싶어서 사람들은 유행을 따라요.
옷 입는 스타일은 남들이 하는 걸 따라 할 수 있는 쉬운 방법이죠.
그런 식으로 남이 뭘 입는지 조사한 다음 똑같은 것을 삽니다.
사람들 대부분은 어딘가에 속하고 싶어 해요.
소속감을 느끼고 싶어 하죠.
잡지와 **TV** 속 유행을 쉽게 따를 수 있습니다.
그렇게 하는 건 아주 자연스러운 일인 것 같아요.

People follow fashion because they want to fit in. Clothing style's an easy way to copy what other people do. That way, you can study what somebody wears and get the same thing. Most people want to belong. They want to feel like they're part of things. They can easily follow fashion in magazines and on TV. It seems to be a very natural thing to do.

11

QUESTION What can be done to close the gap between urban and rural areas?

도시와 시골 지역 간의 격차를 없애기 위해 무엇을 할 수 있을까요?

보다 많은 사람들이 시골로 이주할 수 있게 정부가 장려할 수 있겠죠.
가령 시골 지역에 대해 세금을 낮춰 줄 수 있을 거예요.
아니면 그냥 거기로 이주하는 것 자체를 더 쉽게 해줄 수도 있을 거예요.
지금 당장은 도시 생활이 정말 편하죠.
원하는 것이 모두 있으니까 모두가 도시에 살기를 원해요.
시골 지역에 선택할 수 있는 오락거리를 좀 더 제공하면 어떨까요?
결국 사람들은 재미있게 살고 싶어 하니까요.

The government can encourage more people to move to the country. Like maybe they can make taxes lower for rural places. Or maybe they can just make it easier to move out there. Right now, city life's just easier. You've got everything you want so everyone wants to live there. How about some more entertainment choices in rural areas? After all, people want to have fun.

12

QUESTION What is the biggest challenge facing Earth?

지구가 직면한 최대 과제는 무엇인가요?

인구 과잉이 지구 최대의 과제죠.

지구에 사는 사람 수가 아주 빨리 늘고 있어요.

사람들을 먹일 식량은 충분히 없는데 말이죠.

또 자원들도 충분하지 않아서 현재 우리의 생활 방식을 유지하고 늘어나는 인구를 먹여 살릴 수 없을 거예요.

아마 지구가 제대로 돌아가지 않을 겁니다.

지구가 얼마나 감당할 수 있을지는 한계가 있어요.

우리는 지구상의 수많은 사람들을 먹여 살릴 방법을 찾아내야 해요.

Overpopulation is Earth's biggest challenge. The number of people on the planet is going up so fast. There's not enough food to feed them. There're also not enough resources, so we can't keep up our lifestyle and support a growing population. It's not going to work. There is a limit to how much the earth can handle. We need to figure out how to deal with too many people on the planet.

13

체크해 보세요 [　　　　]

QUESTION What do Nobel Prize winners have in common?

노벨상 수상자들의 공통점은 무엇인가요?

그들 모두 세상을 좀 더 나은 곳으로 만드는 데 보탬이 되는 일들을 하죠.

노벨상은 다양한 많은 분야에 수여됩니다.

이를테면, 화학뿐 아니라 문학 분야에서도 수상자가 있죠.

하지만 모든 수상자들은 새롭고 대단한 일을 해냈습니다.

노벨상은 기본적으로 우리 삶에 유익하고 경탄할 만한 것들을 보태는 사람들에게 갑니다.

제 생각에 그들은 모두 영웅이에요.

They all do things that help to make the world a better place. The prize is given in a ton of different areas. Like, there's a winner in chemistry but also in literature. But all the winners did something new and great. It basically goes to anyone who adds something helpful and awesome to our lives. I think they're all heroes.

Thinking

Training

Speaking

PART 2

두괄식으로 선택 사항 말하기

A냐 B냐 둘 중 하나를 골라야 하는 질문의 첫 문장에는 자신이 고른 것이 명확히 들어가야 합니다. 그리고 그렇게 고른 것의 근거를 풀어 나가야 하죠. 우리말처럼 끝까지 들어봐야 알게 되는 방식은 지양해 주세요.

나름의 패션 스타일이 있나요, 아니면 대중을 따라 가는 편인가요?

원어민처럼 두괄식으로 말하기 한국어와 영어의 어순 구조 차이를 확인하세요.

결론부터 말하기

Kor **전** 다른 사람들의 패션 스타일을 많이 **따라 가는 편이에요.**

Eng 전 꽤 많이 따라 가요 / 패션 스타일을 / 다른 사람들이 가지고 있는 (패션 스타일을).

이유 밝히기

Kor 새로운 옷의 아이디어를 시도하는 게 약간 **겁나요.** 바보 같은 느낌이 싫거든요.

Eng 전 조금 겁이 나요 / 새로운 옷의 아이디어를 시도해 보는 게 / 왜냐하면 전 원하지 않거든요 / 바보가 되는 듯한 느낌을 받는 걸.

예시하기 1

Kor 기본적으로 **저는** 친구들과 다른 사람이 학교에서 무엇을 입고 있는지 유심히 **봐요.**

Eng 기본적으로 / 저는 보는 편이에요 / 무엇을 제 친구들과 다른 사람들이 입는지 / 학교에서.

예시하기 2

Kor 그러고 나서 결정을 **하죠.**

Eng 그런 다음에 / 저는 결정을 합니다.

덧붙이기 1

Kor 그렇게 창의적인 방법은 **아닐 테지만 상관없어요.**

Eng 아마 / 그게 그렇게 창의적인 건 아니겠지요 / 하지만 / 전 상관없어요.

덧붙이기 2

Kor **저는** 그냥 사람들과 잘 어울리면서 최신 스타일을 좇아가는 게 **좋아요.**

Eng 전 그냥 좋아요 / 사람들과 잘 어울리는 게 / 그리고 최신 스타일을 좇아가는 게.

마무리하기

Kor 옷 가지고 괜히 큰 위험을 감수**하고 싶지는 않아요.**

Eng 전 하고 싶지가 않아요 / 감수하는 것을 / 큰 위험을 / 제 옷 가지고.

Do you have your own fashion style or follow the crowd?

원어민식 어구 배치 훈련 왼쪽 Eng 순서대로 어구를 배열해 보세요.

결론부터 말하기

the fashion styles / I pretty much follow / that others have.

pretty much 꽤 많이

이유 밝히기

because I don't want / I'm a bit afraid / to feel silly / to try new clothing ideas.

a bit 약간, 조금   silly 바보가 된 듯한

예시하기 1

what my friends and people wear / basically, / at school / I look at.

basically 기본적으로   look at ~을 유심히 보다

예시하기 2

Then / I make my decisions.

make one's decision 결정하다

덧붙이기 1

but / maybe / I don't care / it's not very creative.

care 신경 쓰다

덧붙이기 2

to fit in with people / I just like / and to be up-to-date with style.

fit in with ~와 조화를 이루다   up-to-date 최신의   be up-to-date with 최신 ~를 따라 가다

마무리하기

with my clothing / I don't feel like / a bunch of risks / taking.

feel like -ing ~하고 싶다   take a risk 위험을 감수하다   a bunch of 큰

두뇌 입력 훈련 세 가지 속도의 음원을 3회 이상 듣고 두뇌 속에 문장을 입력해 주세요.

결론부터 말하기   3회 듣기 ☐ ☐ ☐

I pretty much follow the fashion styles/ that others have.

이유 밝히기   3회 듣기 ☐ ☐ ☐

I'm a bit afraid to try new clothing ideas/ because I don't want to feel silly.

예시하기 1   3회 듣기 ☐ ☐ ☐

Basically,/ I look at what my friends and people at school wear.

예시하기 2   3회 듣기 ☐ ☐ ☐

Then/ I make my decisions.

덧붙이기 1   3회 듣기 ☐ ☐ ☐

Maybe it's not very creative/ but I don't care.

덧붙이기 2   3회 듣기 ☐ ☐ ☐

I just like to fit in with people/ and to be up-to-date with style.

마무리하기   3회 듣기 ☐ ☐ ☐

I don't feel like taking a bunch of risks/ with my clothing.

전 다른 사람들의 패션 스타일을 많이 따라 가는 편이에요.

새로운 옷의 아이디어를 시도하는 게 약간 겁나요. 바보 같은 느낌이 싫거든요.

기본적으로 저는 친구들과 다른 사람이 학교에서 무엇을 입고 있는지 유심히 봐요.

그러고 나서 결정을 하죠.

그렇게 창의적인 방법은 아닐 테지만 상관없어요.

저는 그냥 사람들과 잘 어울리면서 최신 스타일을 좇아가는 게 좋아요.

옷 가지고 괜히 큰 위험을 감수하고 싶지는 않아요.

▶ 스피킹 코치의 족집게 조언

I'm a bit afraid to try new clothing ideas because I don't want to feel silly.

'단어'가 아니라 '문장'을 외워라! 우리는 이제까지 그저 암기하여 어휘의 '숫자 불리기'에만 집착해 온 경향이 있어요. 즉 단어가 문장에서 쓰이는 용례(Usage)를 무시한 채 마치 수학 공식 대하듯 단순히 어휘의 수를 늘리는 데에만 몰두해 왔어요. 그 결과 머릿속에 막연히 맴도는 어휘는 많은데 정작 실제로 입으로 말할 수 있는 어휘는 지극히 부족한 고질적인 문제를 갖게 되었죠. 사실 따지고 보면 영문법의 절반은 개별 단어가 문장 안에서 어떻게 쓰이는지, 즉 용례와 관련된 거예요. 예를 들어, afraid를 사용해 '저는 새로운 걸 시도하는 게 겁나요.'를 제대로 말하려면, afraid 다음에 동사를 쓸 때는 to부정사를 사용한다는 afraid의 용례를 알아야 해요. 그래야 I'm afraid to try something new.라는 문장을 머뭇거리지 않고 술술 말할 수가 있죠.

79

UNIT 02

아파트에서 사는 게 좋아요, 단독주택에서 사는 게 좋아요?

원어민처럼 두괄식으로 말하기 한국어와 영어의 어순 구조 차이를 확인하세요.

결론부터 말하기

Kor **전** 아파트에서 사는 게 **더 좋아요.** 아파트가 더 편리하니까요.

Eng 전 더 좋아요 / 아파트에서 사는 게 / 왜냐하면 / 그게 더 편리하니까요.

대조하기

Kor 주택을 갖고 있으면 할 **일이 훨씬 더 많아요.**

Eng 만약 당신이 소유하고 있다면 / 주택을 / 훨씬 더 많은 일이 있어요 / 해야 할.

예시하기 1

Kor 예를 하나 들면, 집 바깥에 처리해야 할 일들이 아주 많이 **있는 거죠.**

Eng 예를 하나 들면, / 당신이 갖고 있는 거지요 / 더 많은 것들을 / (집) 바깥에 / 처리해야 할.

예시하기 2

Kor 잔디도 **깎아야 하고,** 정원의 잡초도 **뽑아야 하고,** 아님 또 몇 년마다 외벽도 **칠해 줘야 해요.**

Eng 당신은 깎아야 해요 / 잔디를 / 그리고 잡초도 뽑아야 해요 / 정원의 / 아니면 / 당신은 칠해야 해요 / 외벽을 / 몇 년마다.

비교하기

Kor 아파트의 경우, 그런 번거로운 일이 **없어요.**

Eng 아파트의 경우 / 당신은 가지지 않아요 / 그런 번거로운 일들을.

마무리하기

Kor **다른 사람이** 그런 일을 **처리하니까요.**

Eng 다른 사람들이 처리합니다 / 그런 일을.

Would you prefer to live in an apartment building, or a private house?

원어민식 어구 배치 훈련 왼쪽 Eng 순서대로 어구를 배열해 보세요.

결론부터 말하기

to live in an apartment / because / I'd prefer / it's more convenient.

would prefer ~이 더 좋다   convenient 편리한

대조하기

there's a lot more work / if you own / to do / a house,.

own 소유하다   a lot 훨씬(비교급 앞에 놓일 때는 이 뜻)   more 더 많은

예시하기 1

more things / for one thing, / you've got / to take care of / outside.

for one thing 한 가지 예를 들면   outside 바깥에   take care of 처리하다, 신경 쓰다

예시하기 2

the garden, / you have to paint / you have to cut / every few years / and weed / or / the outside / the grass.

grass 잔디   weed ~의 잡초를 뽑다   every few years 몇 년마다

비교하기

you don't have / with an apartment, / some of those hassles.

hassles 번거로운 일들

마무리하기

that stuff / somebody else takes care of.

somebody else 누군가 다른 사람   stuff (막연히) 일, 잡동사니

두뇌 입력 훈련 세 가지 속도의 음원을 3회 이상 듣고 두뇌 속에 문장을 입력해 주세요.

결론부터 말하기   3회 듣기 ☐ ☐ ☐

I'd prefer to live in an apartment/ because it's more convenient.

대조하기   3회 듣기 ☐ ☐ ☐

If you own a house,/ there's a lot more work to do.

예시하기 1   3회 듣기 ☐ ☐ ☐

For one thing,/ you've got more things outside/ to take care of.

예시하기 2   3회 듣기 ☐ ☐ ☐

You have to cut the grass and weed the garden,/ or you have to paint the outside/ every few years.

비교하기   3회 듣기 ☐ ☐ ☐

With an apartment,/ you don't have some of those hassles.

마무리하기   3회 듣기 ☐ ☐ ☐

Somebody else takes care of that stuff.

MP3 15-02

동시통역 훈련 우리말을 영어로 말하고 쓰고 들으세요.

전 아파트에서 사는 게 더 좋아요. 아파트가 더 편리하니까요.

주택을 갖고 있으면 할 일이 훨씬 더 많아요.

예를 하나 들면, 집 바깥에 처리해야 할 일들이 아주 많은 거죠.

잔디도 깎아야 하고, 정원의 잡초도 뽑아야 하고, 또 몇 년마다 외벽도 칠해 줘야 해요.

아파트의 경우, 그런 번거로운 일이 없어요.

다른 사람이 그런 일을 대신 처리하니까요.

▶ 스피킹 코치의 족집게 조언

With an apartment, you don't have some of those hassles.

---

with를 문장 맨 앞에 사용하기 전치사 with가 항상 '~을 가지고'라는 의미만 나타내는 건 아니에요. 다른 의미도 있는데, 그중 하나가 in the case of ~, 즉 '~의 경우에'라는 뜻이에요. 특히 with가 문장 맨 앞에 쓰일 때, 이러한 의미로 사용되는 경우가 많아요.

With Korean students, the listening part is their weak point.
한국 학생들의 경우 청취 부분이 약점이에요.

With the aging problem, its solution is hard to find.
고령화 문제의 경우 해결책을 찾는 게 어려워요.

전치사 with를 이런 식으로 구사하려면 상당한 '스피킹 내공'이 필요해요. 그럼 실전에서 써먹을 경우를 상상하며 일단 위의 두 문장부터 잘 익혀 두세요.

83

선택할 수 있다면
아들을 갖고 싶어요,
딸을 갖고 싶어요?

원어민처럼 두괄식으로 말하기 한국어와 영어의 어순 구조 차이를 확인하세요.

결론부터 말하기

Kor **전** 딸이 더 갖고 **싶어요.**

Eng 전 더 좋을 것 같아요 / 갖는 게 / 딸을.

이유 밝히기 1

Kor 제가 남자애보다 여자애를 더 좋아하거나 뭐 그래서 그런 건 **아니에요.**

Eng (그건) 아니에요 / 제가 좋아한다는 게 / 여자애들을 더 / 남자애들보다 / 혹은 그 비슷한
것도.

이유 밝히기 1

Kor **그냥** 제가 남자애들만 있는 집에서 자라서 늘 남자애들이 하는 놀이만
했거**든요.**

Eng 그건 그냥 이런 거예요 / 제가 자랐거든요 / 남자애들만 있는 집에서 / 그래서 /
우리는 늘 했어요 / 남자애들이 하는 놀이만.

덧붙이기

Kor 딸이 있어서 여자애들이 하는 놀이를 **할 수 있으면** 재미있고 신날 **것 같아요.**

Eng 재미있고 신날 것 같아요 / 딸을 가지고 있다는 건 / 그래서 우리가 할 수 있다면 /
여자아이들 놀이를.

예시하기

Kor 아마 인형을 갖고 **놀거나 분장 놀이를 할 수 있을 거고요.**

Eng 아마 / 우리는 놀 수 있을 거예요 / 인형을 가지고 / 또는 / 분장 놀이도 할 수 있을
거예요.

마무리하기

Kor 이거 말고도, **여자애들이** 아주 상냥하고 귀엽**잖아요!**

Eng 또 / 여자애들이 아주 상냥하고 귀엽잖아요!

If you had the choice, would you have a son or a daughter?

결론부터 말하기

to have / I'd prefer / a daughter.

---

prefer to+동사원형 ~하는 게 더 좋다, ~를 더 원하다

이유 밝히기 1

than boys / that I like / it's not / girls better / or anything like that.

It's not that ~ ~는 아니다   or anything like that ~나 그와 비슷한 것

이유 밝히기 2

in a family with only boys, / that I grew up / so / we always did / it's just / only boy things.

---

it's just that ~ 그냥 ~이다   grow up 성장하다

덧붙이기

girly things / it'd be fun and cool / so we could do / to have a daughter.

---

girly 여자아이들이 하는

예시하기

or / maybe / with dolls / play dress-up / we could play.

---

dress-up 정장   play dress-up 분장 놀이를 하다

마무리하기

plus, / girls are so sweet and cute!

---

cute 귀여운

결론부터 말하기   3회 듣기 ☐ ☐ ☐

I'd prefer to have a daughter.

이유 밝히기 1   3회 듣기 ☐ ☐ ☐

It's not/ that I like girls better than boys/ or anything
like that.

이유 밝히기 2   3회 듣기 ☐ ☐ ☐

It's just/ that I grew up in a family with only boys,/ so
we always did only boy things.

덧붙이기   3회 듣기 ☐ ☐ ☐

It'd be fun and cool to have a daughter/ so we could
do girly things.

예시하기   3회 듣기 ☐ ☐ ☐

Maybe we could play with dolls/ or play dress-up.

마무리하기   3회 듣기 ☐ ☐ ☐

Plus,/ girls are so sweet and cute!

전 딸을 더 갖고 싶어요.

그건 제가 남자애보다 여자애를 더 좋아하거나 뭐 그래서 그런 건 아니에요.

그냥 제가 남자애들만 있는 집에서 자라서 늘 남자애들이 하는 놀이만 했거든요.

딸이 있어서 여자애들이 하는 놀이를 할 수 있으면 재미있고 신날 것 같아요.

아마 인형을 갖고 놀거나 분장 놀이를 할 수 있을 거고요.

또 여자애들이 아주 상냥하고 귀엽잖아요!

▶ 스피킹 코치의 족집게 조언

Plus, girls are so sweet and cute!

이야기를 덧붙일 때 사용하는 Function words 익히기 영어 문장을 이어서 말할 때 우리는 자기도 모르게 문장 맨 첫 부분에 And를 남발하는 경우가 많아요. 물론 이렇게 말하는 게 틀린 것은 아니지만 결코 유창한 영어는 아니에요. And 이외에 이야기를 덧붙일 때 사용하는 다음과 같은 Function words, 즉 기본 문장 패턴들을 알고 있다면 훨씬 자연스럽고 유창하게 영어 문장들을 이어서 말할 수 있을 거예요.

Also[Plus, In addition], ~. 또한 ~예요
Moreover, ~. 게다가 ~예요
Furthermore, ~. 더욱이 ~예요
Besides, ~. 그밖에 ~예요

부를 추구하는 게 나을까요,
행복을 추구하는 게
나을까요?

원어민처럼 두괄식으로 말하기 한국어와 영어의 어순 구조 차이를 확인하세요.

결론부터 말하기

Kor 행복을 추구하는 게 늘 **더 낫지요.**

Eng 언제나 더 낫죠 / 추구하는 게 / 행복을.

부연 설명하기 1

Kor 행복하지 않은 부자들이 엄청 많다고 **들었어요.**

Eng 저는 들은 적이 있어요 / 엄청 많은 부자들이 있다고 / 행복하지는 않은 (부자들이).

부연 설명하기 2

Kor **단지 돈이 많다고** 행복한 건 **아니잖아요.**

Eng 그냥 많은 돈을 갖고 있다는 게 / 의미하지는 않아요 / 행복을.

부연 설명하기 3

Kor **문제의 핵심은** 원하는 물건을 살 수 있는 딱 그 수준보다 훨씬 많은 돈을
     가지고 **있는 거예요.**

Eng 문제의 핵심은 이거예요 / (돈이) 훨씬 더 많이 있다는 거 / 딱 어떤 걸 살 수 있는 것보다.

덧붙이기

Kor 저한테는 **사람이** 가장 중요**하고** 또 **행복은** 좋은 인간관계에서 **나와요.**

Eng 저한테는 / 사람이 ~예요 / 가장 중요한 것 / 그리고 / **행복은** 오죠 / (사람들과의) 좋은
     관계로부터.

마무리하기

Kor 그러니 돈을 벌려고 그렇게 많이 **걱정하지 말아야 해요.**

Eng 그러니 / 우리는 걱정하지 말아야 해요 / 돈 버는 것에 대해 / 그렇게 많이.

Is it better to pursue wealth or happiness?

원어민식 어구 배치 훈련 왼쪽 Eng 순서대로 어구를 배열해 보세요.

결론부터 말하기

to pursue / it's always better / happiness.

---

pursue 추구하다   happiness 행복

부연 설명하기 1

that there are tons of rich people / I've heard / who aren't happy.

---

tons of 엄청 많은

부연 설명하기 2

doesn't mean / just having a lot of money / happiness.

---

just 단지, 그냥   mean 의미하다

부연 설명하기 3

so much more / it's all about / than just being able to buy things.

---

it's all about ~ 문제의 핵심은 ~이다   so much more than ~보다 훨씬 더 많이
able to+동사원형 ~할 수 있다

덧붙이기

happiness comes / people are / for me, / from good relationships / the most important thing / and.

---

relationship 관계

마무리하기

we shouldn't worry / so much / so / about making money.

---

worry about ~에 대해 걱정하다   make money 돈을 벌다

89

두뇌 입력 훈련 세 가지 속도의 음원을 3회 이상 듣고 두뇌 속에 문장을 입력해 주세요.

결론부터 말하기　　　　　　　　　　3회 듣기 ☐ ☐ ☐

It's always better/ to pursue happiness.

부연 설명하기 1　　　　　　　　　　3회 듣기 ☐ ☐ ☐

I've heard that there are tons of rich people/ who aren't happy.

부연 설명하기 2　　　　　　　　　　3회 듣기 ☐ ☐ ☐

Just having a lot of money/ doesn't mean happiness.

부연 설명하기 3　　　　　　　　　　3회 듣기 ☐ ☐ ☐

It's all about/ so much more than just being able to buy things.

덧붙이기　　　　　　　　　　　　3회 듣기 ☐ ☐ ☐

For me,/ people are the most important thing/ and happiness comes from good relationships.

마무리하기　　　　　　　　　　　3회 듣기 ☐ ☐ ☐

So we shouldn't worry about/ making money so much.

동시통번역 훈련 우리말을 영어로 말하고 쓰고 들으세요.

행복을 추구하는 게 늘 더 낫지요.

행복하지 않은 부자들이 엄청 많다고 들었어요.

단지 돈이 많다고 행복한 건 아니잖아요.

문제의 핵심은 원하는 물건을 살 수 있는 딱 그 수준보다 훨씬 많은 돈을 가지고 있는 거예요.

저한테는 사람이 가장 중요하고 또 행복은 좋은 인간관계에서 나와요.

그러니 돈을 벌려고 그렇게 많이 걱정하지 말아야 해요.

▶ 스피킹 코치의 족집게 조언

It's all about **so much more than just being able to buy things.**

It's all about ~ 영어 스피킹을 할 때 주의할 것 중의 하나가 우리말에 영어 단어를 단순 대입
하는 식으로 말하지 않는 거예요. 대신 그 상황에서 최선의 영어 표현이 무엇인지를 먼저 생각
해야 하는 거죠. 일례로 '(문제의) 핵심은 ~예요'라고 할 때도, 굳이 거창하게 '핵심'이란 단어를
사용해 말하려고 애쓸 필요가 없어요. 대신 It's all about ~. 문장 패턴을 사용하면 돼요. 다음
예문을 보며 익혀 보세요.

It's all about money. 핵심은 돈이에요.
I can't make out what it's all about. 저는 핵심이 뭔지 잘 모르겠어요.

자기 사업을 하는 게 좋아요,
직원 수가 많은 대기업에서
일하는 게 좋아요?

원어민처럼 두괄식으로 말하기 한국어와 영어의 어순 구조 차이를 확인하세요

결론부터 말하기

Kor 제 사업을 **하는 게 더 좋겠어요**.

Eng 저는 운영하겠어요 / 제 사업을.

이유 밝히기 1

Kor 저한테는 스스로 결정을 내린다는 게 **중요하거든요**.

Eng 중요해요 / 저한테는 / 만드는 게 / 제 독자적인 결정을.

덧붙이기

Kor 하지만 자기 사업체를 갖게 되면 **위험이 훨씬 많아지죠**.

Eng 훨씬 더 많은 위험이 있어요 / 당신이 갖게 될 때 / 당신 소유의 사업체를 / 그렇지만.

예시하기 1

Kor 일이 잘될 때는 **좋지만**, 사업에 문제가 생기게 되면 **안전장치가 없잖아요**.

Eng 괜찮아요 / 일이 잘 진행될 때는 / 하지만 / 당신의 사업이 문제들을 갖게 되면 / 안전장치가 없어요.

예시하기 2

Kor 오직 자기 자신을 탓할 **수밖에 없고요**.

Eng 당신은 가지게 되는 거예요 / 오직 당신 자신만을 / 비난해야 할.

이유 밝히기 2

Kor 그래도 자기 사업체를 직접 운영하는 게 훨씬 더 신날 **것 같아요**.

Eng 그래도 / **저는 생각해요** / 더 신날 거라고 / 자기 사업체를 운영해 나가는 게.

마무리하기

Kor 누구의 지시도 받지 않고 독립적으로 일한다는 건 멋진 일이죠!

Eng 내 스스로 상사가 되는 건 멋진 일일 거예요!

Would you prefer to run your own business or work for a large company with many employees?

원어민식 어구 배치 훈련 왼쪽 Eng 순서대로 어구를 배열해 보세요.

결론부터 말하기

I'd rather run / my own business

I'd rather+동사원형 ~하겠다   run 운영(경영)하다

이유 밝히기 1

my own decisions / for me / it's important / to make.

make one's own decision 독자적으로 결정하다

덧붙이기

though / when you have / there's a lot more risk / your own business,.

a lot+비교급 훨씬 더   risk 위험   though 그렇지만, 하지만(이 의미일 때는 문장 뒤에 놓임)

예시하기 1

but / if your business has problems, / when things go well, / there's no safety net / it's fine.

go well 잘 되다   safety net 안전장치

예시하기 2

only yourself / you'd have / to blame.

blame 비난하다

이유 밝히기 2

I think / still, / to run your own show / it'd be more exciting.

run one's (own) show 운영하다, 꾸려 나가다

마무리하기

Being my own boss would be awesome!

be one's own boss 독립해 있다

결론부터 말하기   3회 듣기 ☐ ☐ ☐

I'd rather run my own business.

이유 밝히기 1   3회 듣기 ☐ ☐ ☐

It's important for me/ to make my own decisions.

덧붙이기   3회 듣기 ☐ ☐ ☐

There's a lot more risk/ when you have your own
business,/ though.

예시하기 1   3회 듣기 ☐ ☐ ☐

It's fine when things go well,/ but if your business has
problems,/ there's no safety net.

예시하기 2   3회 듣기 ☐ ☐ ☐

You'd have only yourself/ to blame.

이유 밝히기 2   3회 듣기 ☐ ☐ ☐

Still,/ I think it'd be more exciting/ to run your own
show.

마무리하기   3회 듣기 ☐ ☐ ☐

Being my own boss would be awesome!

동시통역 훈련 우리말을 영어로 말하고 쓰고 들으세요.

제 사업을 하는 게 더 좋겠어요.

저한테는 스스로 결정을 내린다는 게 중요하거든요.

하지만 자기 사업체를 갖게 되면 위험이 훨씬 많아지죠.

일이 잘될 때는 좋지만, 사업에 문제가 생기게 되면 안전장치가 없잖아요.

오직 자기 자신을 탓할 수밖에 없고요.

그래도 자기 사업체를 직접 운영하는 게 훨씬 더 신날 것 같아요.

누구의 지시도 받지 않고 독립적으로 일한다는 건 멋진 일이죠!

▶ 스피킹 코치의 족집게 조언

It's important for me to make my own decisions.

소유격을 강조하여 말할 때 I made my decision.은 '저는 결정을 내렸어요.'라는 뜻이에요. 그런데 소유격 my를 강조해 '저는 직접 결정을 내렸어요.' 또는 '저는 스스로 결정을 내렸어요.'라고 할 때는 어떻게 말하면 될까요? 이때는 my 다음에 own을 사용해 I made my own decision.이라고 말하는 거죠. 또 '저는 그것을 직접 (또는 스스로) 하기로 결정했어요.'라고 할 때는 I decided to do it on my own.이라고 말하면 되고요. 이처럼 소유격을 강조하려면 소유격 다음에 own을 써서 말하면 돼요.

95

똑똑한 친구가 더 좋아요, 믿을 만한 친구가 더 좋아요?

원어민처럼 두괄식으로 말하기 한국어와 영어의 어순 구조 차이를 확인하세요

결론부터 말하기

Kor **저는** 믿을 수 있는 친구를 갖는 게 **훨씬 더 낫겠어요.**

Eng 저는 차라리 가지겠어요 / 친구들을 / 믿을 수 있는 (친구들을).

부연 설명하기 1

Kor 제 곁에 있어 줄 사람들을 믿을 수 있다는 건 제겐 정말 **중요하거든요.**

Eng 아주 중요하거든요 / 제겐 / 제가 사람들을 믿을 수 있다는 게 / 거기에 있을 (사람들을) / 저를 위해.

부연 설명하기 2

Kor **신뢰는** 아주 중요한 것**이고, 사람들은** 자기 친구들을 믿을 수 있기를 **바라죠.**

Eng 신뢰는 ~예요 / 아주 중요한 것 / 그리고 / 사람들은 원해요 / 자신의 친구들을 믿을 수 있기를.

부연 설명하기 3

Kor **친구가 된다는 건** 다른 이들에게 마음을 쓰면서 도와준다는 걸 **의미해요.**

Eng 친구가 된다는 건 의미해요 / 다른 사람들을 챙기는 것 / 그리고 그들을 돕는 걸.

마무리하기

Kor **저는** 그것보다 더 중요한 것은 **없는 것 같아요.**

Eng 전 생각하지 않아요 / 더 중요한 것이 있다고 / 그것보다.

Do you prefer friends who are intelligent, or friends who are reliable?

원어민식 어구 배치 훈련 왼쪽 Eng 순서대로 어구를 배열해 보세요.

결론부터 말하기

friends / I would much rather have / who are reliable.

would rather+동사원형 차라리 ~하고 싶다   reliable 믿을 수 있는

부연 설명하기 1

that I can count on people / it's really important / to me / for me / who'll be there.

count on ~을 믿다   be there for somebody (위로·도움이 필요할 때) ~를 위해 있다

부연 설명하기 2

and / trust is / to be able to depend on your friends / you want / such an important thing,.

trust 신뢰   you 일반적인 사람들을 지칭   depend on ~을 신뢰하다[믿다]

부연 설명하기 3

caring about other people / being a friend means / and helping them.

care about ~에 마음을 쓰다

마무리하기

there's anything more important / I don't think / than that.

두뇌 입력 훈련 세 가지 속도의 음원을 3회 이상 듣고 두뇌 속에 문장을 입력해 주세요.

결론부터 말하기   3회 듣기 ☐ ☐ ☐

I would much rather have friends/ who are reliable.

부연 설명하기 1   3회 듣기 ☐ ☐ ☐

It's really important to me/ that I can count on people/ who'll be there for me.

부연 설명하기 2   3회 듣기 ☐ ☐ ☐

Trust is such an important thing,/ and you want to be able to depend on your friends.

부연 설명하기 3   3회 듣기 ☐ ☐ ☐

Being a friend means/ caring about other people/ and helping them.

마무리하기   3회 듣기 ☐ ☐ ☐

I don't think/ there's anything more important than that.

동시통역 훈 련 우리말을 영어로 말하고 쓰고 들으세요

저는 믿을 수 있는 친구를 갖는 게 훨씬 더 낫겠어요.

제 곁에 있어 줄 사람들을 믿을 수 있다는 건 제겐 정말 중요하거든요.

신뢰는 아주 중요한 것이고, 사람들은 자기 친구들을 믿을 수 있기를 바라죠.

친구가 된다는 건 다른 이들에게 마음을 쓰면서 도와준다는 걸 의미해요.

저는 그것보다 더 중요한 것은 없는 것 같아요.

▶ 스피킹 코치의 족집게 조언

It's really important to me that I can count on people who'll be there for me.

count on = rely on = depend on '~을 믿다', '~을 의지하다'라고 할 때 영어에서 주로 사용하는 표현은 count on이에요. 예컨대 '하지만 나를 너무 믿지는 마세요.'라고 할 때는 count on을 사용해 Don't count on me, though.라고 말하면 되죠. 이때 count on의 동의어로 자주 쓰이는 표현들로 rely on과 depend on이 있어요.

You'd better not rely on weather forecasts. 일기예보는 믿지 않는 게 좋아요.
You can depend on James — he always keeps his promises.
제임스는 믿을 수 있죠. 늘 약속을 지키거든요.

혼자 여행하는 게 더 좋아요, 친구들과 여행하는 게 더 좋아요?

원어민처럼 두괄식으로 말하기 한국어와 영어의 어순 구조 차이를 확인하세요.

결론부터 말하기

Kor **저는** 친구들이랑 여행하는 게 **더 좋아요.**

Eng 전 더 좋아요 / 여행하는 게 / 친구들과.

이유 밝히기 1

Kor 친구들과 새로운 것들을 함께 나누면 정말 훨씬 더 **재미있어요.**

Eng 정말 훨씬 더 재미있어요 / 나누는 건 / 새로운 것들을 / 친구들과.

이유 밝히기 2

Kor 늘 일행이 **있으니** 외로움을 **느낄 필요도 전혀 없고요.**

Eng 당신은 항상 가지고 있어요 / 일행을 / 그래서 전혀 느낄 필요가 없어요 / 외롭다고.

이유 밝히기 3

Kor 또 당신을 잘 살피면서 이래라 저래라 하는 누군가가 있으니까 다른 이들과 함께 여행하는 게 **더 안전해요.**

Eng 또 / 더 안전해요 / 여행하는 게 / 다른 사람과 / 왜냐하면 누군가가 있으니까요 / 당신을 지켜줄.

이유 밝히기 4

Kor 어려운 일이 생기면 **그들이** 당신을 **도와줄 수가 있잖아요.**

Eng 그들은 도와줄 수도 있죠 / 당신을 / 문제가 있을 때.

덧붙이기

Kor 또 나중에 친구들이랑 다녀온 여행 얘기를 하는 것도 **재미있어요.**

Eng 또 재미있어요 / 이야기하는 게 / 여행에 대해서 / 나중에 / 친구들과.

마무리하기

Kor 함께 사진을 보고 이야기를 공유하면서 추억을 **되돌아볼 수 있죠.**

Eng 당신은 돌아볼 수 있어요 / 추억을 / 공유함으로써 / 사진과 이야기를.

Do you prefer traveling alone or with friends?

원어민식 어구 배치 훈련 왼쪽 Eng 순서대로 어구를 배열해 보세요.

to travel / I prefer / with friends.

---

prefer 더 선호하다

to share / it's just much more fun / with friends / new things.

---

just 정말, 완전히　**much more** 훨씬 더　**share** 공유하다, 나누다, 같이 쓰다

and never have to feel / company / you always have / lonely.

---

company 일행　**lonely** 외로운

because there's somebody / with others / it's safer / also, / to travel / to watch out for you.

---

watch out for ~을 지켜주다

you / they can help / when there's trouble.

---

trouble 어려운 일

about your trip / it's also fun / later / with friends / to talk.

---

trip 여행

the memories / you can look back at / pictures and stories / by sharing.

---

look back at ~을 되돌아보다　**memory** 추억

두뇌 입력 훈련 세 가지 속도의 음원을 3회 이상 듣고 두뇌 속에 문장을 입력해 주세요.

결론부터 말하기　　　　　　　　　　　　　3회 듣기 ☐ ☐ ☐

I prefer to travel with friends.

이유 밝히기 1　　　　　　　　　　　　　　3회 듣기 ☐ ☐ ☐

It's just much more fun/ to share new things with friends.

이유 밝히기 2　　　　　　　　　　　　　　3회 듣기 ☐ ☐ ☐

You always have company/ and never have to feel lonely.

이유 밝히기 3　　　　　　　　　　　　　　3회 듣기 ☐ ☐ ☐

Also,/ it's safer to travel with others/ because there's somebody to watch out for you.

이유 밝히기 4　　　　　　　　　　　　　　3회 듣기 ☐ ☐ ☐

They can help you/ when there's trouble.

덧붙이기　　　　　　　　　　　　　　　　3회 듣기 ☐ ☐ ☐

It's also fun/ to talk about your trip/ later with friends.

마무리하기　　　　　　　　　　　　　　　3회 듣기 ☐ ☐ ☐

You can look back at the memories/ by sharing pictures and stories.

동시통역 훈련 우리말을 영어로 말하고 쓰고 들으세요.

저는 친구들이랑 여행하는 게 더 좋아요.

친구들과 새로운 것들을 함께 나누면 정말 훨씬 더 재미있어요.

늘 일행이 있으니 외로움을 느낄 필요도 전혀 없고요.

또 당신을 잘 살피면서 이래라 저래라 하는 누군가가 있으니까 다른 이들과 함께 여행하는 게 더 안전해요.

어려운 일이 생기면 그들이 당신을 도와줄 수가 있잖아요.

또 나중에 친구들이랑 다녀온 여행 얘기를 하는 것도 재미있어요.

함께 사진을 보고 이야기를 공유하면서 추억을 되돌아볼 수 있죠.

▶ 스피킹 코치의 족집게 조언

You always have company and never have to feel lonely.

company = group 식당 입구에 일행 넷이 있다고 다른 사람에게 말할 때 뭐라고 하면 좋을까요? 간단해요. They seem to be a company of four.(그들은 일행이 4명인 듯해요.)라고 말하면 되죠. 이때 company는 '회사'가 아니라 '일행', 즉 party나 group을 의미해요. 그 밖에 company는 '함께 있는 사람'을 뜻하기도 하죠. 바로 여기에서 keep company(어울리다)와 part company(헤어지다)라는 숙어 표현이 파생된 거예요. 다음은 keep company를 사용한 영어 경구예요.

Never keep company with liars and cheats. 거짓말쟁이와 사기꾼과는 절대 어울리지 마라.

세계화가
빈부 격차를 줄일 것 같아요,
늘릴 것 같아요?

원어민처럼 **두괄식으로 말하기** 한국어와 영어의 어순 구조 차이를 확인하세요.

결론부터 말하기

Kor 세계화는 빈부 격차를 줄여줄 **것 같아요**.

Eng 전 생각해요 / 세계화가 줄일 거라고 / 빈부 격차를.

부연 설명하기 1

Kor 돈이 국가 간에 왔다 갔다 하게 하는 것은 **좋은 일이죠**.

Eng 좋은 것이죠 / 하게 하는 건 / 돈이 이리저리 돌아다니게 / 국가들 간에.

부연 설명하기 2

Kor 지구촌 경제로 인해 **세계가** 점점 더 좁아**지고 있어요**.

Eng 우리 세계는 약간 ~한 상태가 되고 있어요 / 더 좁아진 / 지구촌 경제 때문에.

부연 설명하기 3

Kor **이 말은** 더 많은 가난한 나라들이 몫을 챙길 수 있다는 **의미예요**.

Eng 이것은 의미해요 / 더 많은 가난한 나라들이 얻을 수 있다는 것을 / 자기 몫을.

덧붙이기

Kor 또 (그런 몫을 챙기는 데) 참여할 수 있는 기회도 **얻을 수 있고요**.

Eng 그들이 얻을 수 있어요 / 기회를 / 참여하게 되는 (기회를) / 역시.

마무리하기

Kor 세계화로 인한 문제들이 있다는 것도 **잘 알지만**, 아무튼 **도움이 될 거예요**.

Eng 저는 알아요 / 문제가 있다는 것을 / 그것과 관련해 / 하지만 / 그것이 도움이 될 거예요.

Do you think globalization will reduce or increase the poverty gap?

결론부터 말하기

globalization will reduce / I think / the poverty gap.

poverty 빈곤   gap 간격

부연 설명하기 1

money going back and forth / to get / it's a good thing / between countries.

get A 동사-ing A가 ~하게 하다   back and forth 이리저리

부연 설명하기 2

smaller / our world is kind of becoming / because of the global economy.

kind of 약간   global 지구의

부연 설명하기 3

that more poor countries can get / this means / a piece of the pie.

a piece of the pie (돈·수익 등의) 몫

덧붙이기

too / a chance / they can get / to be involved.

chance 기회   be involved 참여하다

마무리하기

there are problems / I know / but / with it, / it'll help.

it = globalization(앞 문장에서 나왔던 것을 다시 언급할 때 사용)

두뇌 입력 훈련 세 가지 속도의 음원을 3회 이상 듣고 두뇌 속에 문장을 입력해 주세요.

결론부터 말하기 3회 듣기 ☐ ☐ ☐

I think/ globalization will reduce the poverty gap.

부연 설명하기 1 3회 듣기 ☐ ☐ ☐

It's a good thing/ to get money going back and forth/ between countries.

부연 설명하기 2 3회 듣기 ☐ ☐ ☐

Our world is kind of becoming smaller/ because of the global economy.

부연 설명하기 3 3회 듣기 ☐ ☐ ☐

This means/ that more poor countries can get a piece of the pie.

덧붙이기 3회 듣기 ☐ ☐ ☐

They can get a chance/ to be involved too.

마무리하기 3회 듣기 ☐ ☐ ☐

I know there are problems with it,/ but it'll help.

세계화는 빈부 격차를 줄여줄 것 같아요.

돈이 국가 간에 왔다갔다 하게 하는 것은 좋은 일이죠.

지구촌 경제로 인해 세계가 점점 더 좁아지고 있어요.

이 말은 더 많은 가난한 나라들이 몫을 챙길 수 있다는 의미예요.

또 (그런 몫을 챙기는 데) 참여할 수 있는 기회도 얻을 수 있고요.

세계화로 인한 문제들이 있다는 것도 잘 알지만, 아무튼 도움이 될 거예요.

▶ 스피킹 코치의 족집게 조언

Our world is kind of becoming smaller because of the global economy.

---

kind of vs. a kind of '일종의 ~'라고 할 때는 보통 a kind of ~라는 표현을 사용하죠. 예컨대 '그건 일종의 마술이에요.'라고 할 때 It's a kind of magic.이라고 말하는 식으로요. 그런데 a kind of ~에서 앞의 a와 of 다음에 오는 명사 ~를 뺀 채 그냥 kind of만 문장 중간에 홀로 쓰는 경우가 있어요. 이때 kind of는 일종의 부사로 '약간', '좀'이란 의미예요. 원어민들이 일상 대화에서 자주 쓰는 표현이기도 하죠. 그리고 kind of를 줄여서 kinda라고 말하기도 해요.

I am feeling kind of strange. 기분이 좀 이상해요.
I really like him, but we are kinda different. 저는 정말 그를 좋아하지만, 우리는 좀 달라요.

REVIEW

한글 해석만 보고도 영어가 바로 나온다면 ★★★,
반 정도 나온다면 ★★, 1/3도 나오지 못한다면 ★ 해보세요.
별 세 개가 나오지 못하면 앞으로 돌아가 다시 훈련하시는 것, 잊지 마세요.

01
체크해 보세요 [   ]

QUESTION Do you have your own fashion style or follow the crowd?

나름의 패션 스타일이 있나요, 아니면 대중을 따라 가는 편인가요?

전 다른 사람들의 패션 스타일을 많이 따라 가는 편이에요.
새로운 옷의 아이디어를 시도하는 게 약간 겁나요. 바보 같은 느낌이 싫거든요.
기본적으로 저는 친구들과 다른 사람이 학교에서 무엇을 입고 있는지 유심히 봐요.
그러고 나서 결정을 하죠.
그렇게 창의적인 방법은 아닐 테지만 상관없어요.
저는 그냥 사람들과 잘 어울리면서 최신 스타일을 좇아가는 게 좋아요.
옷 가지고 괜히 큰 위험을 감수하고 싶지는 않아요.

I pretty much follow the fashion styles that others have. I'm a bit afraid to try new clothing ideas because I don't want to feel silly. Basically, I look at what my friends and people at school wear. Then I make my decisions. Maybe it's not very creative but I don't care. I just like to fit in with people and to be up-to-date with style. I don't feel like taking a bunch of risks with my clothing.

02

QUESTION Would you prefer to live in an apartment building, or a private house?

아파트에서 사는 게 좋아요, 단독주택에서 사는 게 좋아요?

전 아파트에서 사는 게 더 좋아요. 아파트가 더 편리하니까요.
주택을 갖고 있으면 할 일이 훨씬 더 많아요.
예를 하나 들면, 집 바깥에 처리해야 할 일들이 아주 많은 거죠.
잔디도 깎아야 하고, 정원의 잡초도 뽑아야 하고, 또 몇 년마다 외벽도 칠해 줘야 해요.
아파트의 경우, 그런 번거로운 일이 없어요.
다른 사람이 그런 일을 대신 처리하니까요.

I'd prefer to live in an apartment because it's more convenient. If you own a house, there's a lot more work to do. For one thing, you've got more things outside to take care of. You have to cut the grass and weed the garden, or you have to paint the outside every few years. With an apartment, you don't have some of those hassles. Somebody else takes care of that stuff.

03

QUESTION If you had the choice, would you have a son or a daughter?

선택할 수 있다면 아들을 갖고 싶어요, 딸을 갖고 싶어요?

전 딸을 더 갖고 싶어요.
그건 제가 남자애보다 여자애를 더 좋아하거나 뭐 그래서 그런 건 아니에요.
그냥 제가 남자애들만 있는 집에서 자라서 늘 남자애들이 하는 놀이만 했거든요.
딸이 있어서 여자애들이 하는 놀이를 할 수 있으면 재미있고 신날 것 같아요.
아마 인형을 갖고 놀거나 분장 놀이를 할 수 있을 거고요.
또 여자애들이 아주 상냥하고 귀엽잖아요!

I'd prefer to have a daughter. It's not that I like girls better than boys or anything like that. It's just that I grew up in a family with only boys, so we always did only boy things. It'd be fun and cool to have a daughter so we could do girly things. Maybe we could play with dolls or play dress-up. Plus, girls are so sweet and cute!

04

QUESTION Is it better to pursue wealth or happiness?

부를 추구하는 게 나을까요, 행복을 추구하는 게 나을까요?

행복을 추구하는 게 늘 더 낫지요.

행복하지 않은 부자들이 엄청 많다고 들었어요.

단지 돈이 많다고 행복한 건 아니잖아요.

문제의 핵심은 원하는 물건을 살 수 있는 딱 그 수준보다 훨씬 많은 돈을 가지고 있는 거예요.

저한테는 사람이 가장 중요하고 또 행복은 좋은 인간관계에서 나와요.

그러니 돈을 벌려고 그렇게 많이 걱정하지 말아야 해요.

It's always better to pursue happiness. I've heard that there are tons of rich people who aren't happy. Just having a lot of money doesn't mean happiness. It's all about so much more than just being able to buy things. For me, people are the most important thing and happiness comes from good relationships. So we shouldn't worry about making money so much.

Thinking

Training

Speaking

05

체크해 보세요

QUESTION Would you prefer to run your own business or work for a large company with many employees?

자기 사업을 하는 게 좋아요, 직원 수가 많은 대기업에서 일하는 게 좋아요?

제 사업을 하는 게 더 좋겠어요.
저한테는 스스로 결정을 내린다는 게 중요하거든요.
하지만 자기 사업체를 갖게 되면 위험이 훨씬 많아지죠.
일이 잘될 때는 좋지만, 사업에 문제가 생기게 되면 안전장치가 없잖아요.
오직 자기 자신을 탓할 수밖에 없고요.
그래도 자기 사업체를 직접 운영하는 게 훨씬 더 신날 것 같아요.
누구의 지시도 받지 않고 독립적으로 일한다는 건 멋진 일이죠!

I'd rather run my own business. It's important for me to make my own decisions. There's a lot more risk when you have your own business, though. It's fine when things go well, but if your business has problems, there's no safety net. You'd have only yourself to blame. Still, I think it'd be more exciting to run your own show. Being my own boss would be awesome!

06

체크해 보세요

QUESTION Do you prefer friends who are intelligent, or friends who are reliable?

똑똑한 친구가 더 좋아요, 믿을 만한 친구가 더 좋아요?

저는 믿을 수 있는 친구를 갖는 게 훨씬 더 낫겠어요.
제 곁에 있어 줄 사람들을 믿을 수 있다는 건 제겐 정말 중요하거든요.
신뢰는 아주 중요한 것이고, 사람들은 자기 친구들을 믿을 수 있기를 바라죠.
친구가 된다는 건 다른 이들에게 마음을 쓰면서 도와준다는 걸 의미해요.
저는 그것보다 더 중요한 것은 없는 것 같아요.

I would much rather have friends who are reliable. It's really important to me that I can count on people who'll be there for me. Trust is such an important thing, and you want to be able to depend on your friends. Being a friend means caring about other people and helping them. I don't think there's anything more important than that.

07

QUESTION Do you prefer traveling alone or with friends?

혼자 여행하는 게 더 좋아요, 친구를과 여행하는 게 더 좋아요?

저는 친구들이랑 여행하는 게 더 좋아요.

친구들과 새로운 것들을 함께 나누면 정말 훨씬 더 재미있어요.

늘 일행이 있으니 외로움을 느낄 필요도 전혀 없고요.

또 당신을 잘 살피면서 이래라 저래라 하는 누군가가 있으니까 다른 이들과 함께 여행하는 게 더 안전해요.

어려운 일이 생기면 그들이 당신을 도와줄 수가 있잖아요.

또 나중에 친구들이랑 다녀온 여행 얘기를 하는 것도 재미있어요.

함께 사진을 보고 이야기를 공유하면서 추억을 되돌아볼 수 있죠.

I prefer to travel with friends. It's just much more fun to share new things with friends. You always have company and never have to feel lonely. Also, it's safer to travel with others because there's somebody to watch out for you. They can help you when there's trouble. It's also fun to talk about your trip later with friends. You can look back at the memories by sharing pictures and stories.

08

QUESTION Do you think globalization will reduce or increase the poverty gap?

세계화가 빈부 격차를 줄일 것 같아요, 늘릴 것 같아요?

세계화는 빈부 격차를 줄여줄 것 같아요.

돈이 국가 간에 왔다 갔다 하게 하는 것은 좋은 일이죠.

지구촌 경제로 인해 세계가 점점 더 좁아지고 있어요.

이 말은 더 많은 가난한 나라들이 몫을 챙길 수 있다는 의미예요.

또 (그런 몫을 챙기는 데) 참여할 수 있는 기회도 얻을 수 있고요.

세계화로 인한 문제들이 있다는 것도 잘 알지만, 아무튼 도움이 될 거예요.

I think globalization will reduce the poverty gap. It's a good thing to get money going back and forth between countries. Our world is kind of becoming smaller because of the global economy. This means that more poor countries can get a piece of the pie. They can get a chance to be involved too. I know there are problems with it, but it'll help.

Thinking

Training

Speaking

PART 3

두괄식으로 의견 말하기

찬반양론이 가능한 의견 문제에 대해 말할 때, 두괄식으로 자신
의 의견을 이야기하는 게 중요합니다. 다만, 다른 쪽 의견을 가
진 사람이 틀렸다고 단정 짓지 않는 자세가 필요하지요. 상대를
배척하지 않으면서 자신의 의견을 똑부러지게 제시하세요.

UNIT 01

그린피스 같은
환경 단체에 대해
어떻게 생각해요?

원어민처럼 두팔식으로 말하기 한국어와 영어의 어순 구조 차이를 확인하세요.

결론부터 말하기

Kor 환경 단체들을 **좋아하기는** 하지만, **그들도 법을 준수하기는 해야죠.**

Eng 전 좋아해요 / 환경 단체들을 / 하지만 / 그들도 준수해야죠 / 법을.

예시하기 1

Kor 전에 뉴스에서 일부 환경 단체들이 물건을 망가뜨리고 재산을 훼손한다고
읽은 적이 있어요.

Eng 저는 읽은 적이 있어요 / 뉴스에서 / 전에 / 그들 중 일부가 물건을 망가뜨린다는 걸 /
그리고 재산을 훼손한다는 걸.

예시하기 2

Kor **다른 환경 단체들은** 사람들이 어떤 건물에 들어가는 것을 **막기도 하고요.**

Eng 다른 단체들은 막기도 해요 / 사람들을 / 어떤 건물에 들어가는 것으로부터.

부연 설명하기 1

Kor 환경 단체들이 자기네가 원하는 것은 뭐든지 하려고 한다면 **그건 옳은 게
아니죠.**

Eng 그건 옳지 않아요 / 그들이 시작한다면 / 하는 걸 / 자기네가 원하는 건 뭐든.

부연 설명하기 2

Kor **환경 단체들도** 다른 모든 사람들처럼 규칙을 **따라야 해요.**

Eng 그 단체들도 따라야 해요 / 규칙을 / 다른 모든 사람들과 마찬가지로.

마무리하기

Kor 그래도, 환경 단체들의 일부 생각은 정말 **마음에 들어요.**

Eng 그래도 / 저는 정말 아주 마음에 들어요 / 일부 그들의 생각이.

116   PART 3

What do you think of environmental groups like Greenpeace?

원어민식 어구 배치 훈련 왼쪽 Eng 순서대로 어구를 배열해 보세요.

결론부터 말하기

they should obey / I like / but / environmental groups, / the law.

environmental 환경의   obey 복종하다, 준수하다

예시하기 1

I've read / and destroy property / before / that some of them wreck things / in the news.

wreck 망가뜨리다   destroy 파괴하다, 훼손하다   property 재산

예시하기 2

other groups block / from entering certain buildings / people.

block A from B A가 B하는 걸 막다   enter 들어가다

부연 설명하기 1

if they start / that's not right / doing / whatever they want.

whatever 뭐든지

부연 설명하기 2

the rules / those groups have to follow / like everyone else.

have to+동사원형 ~해야 한다   follow the rules 규칙을 따르다

마무리하기

still, / some of their ideas / I do really like.

still 그렇지만, 여전히   do like 아주 맘에 들어하다(평서문에서 동사 앞에 do(es), did를 쓰면 강조하는 의미)

두뇌 입력 훈련 세 가지 속도의 음원을 3회 이상 듣고 두뇌 속에 문장을 입력해 주세요.

결론부터 말하기 3회 듣기 ☐ ☐ ☐

I like environmental groups,/ but they should obey the law.

예시하기 1 3회 듣기 ☐ ☐ ☐

I've read in the news before/ that some of them wreck things/ and destroy property.

예시하기 2 3회 듣기 ☐ ☐ ☐

Other groups block people/ from entering certain buildings.

부연 설명하기 1 3회 듣기 ☐ ☐ ☐

That's not right/ if they start doing whatever they want.

부연 설명하기 2 3회 듣기 ☐ ☐ ☐

Those groups have to follow the rules/ like everyone else.

마무리하기 3회 듣기 ☐ ☐ ☐

Still,/ I do really like some of their ideas.

동시통역 훈련 우리말을 영어로 말하고 쓰고 들으세요.

환경 단체들을 좋아하기는 하지만, 그들도 법을 준수하기는 해야죠.

전에 뉴스에서 일부 환경 단체들이 물건을 망가뜨리고 재산을 훼손한다고 읽은 적이 있어요.

다른 환경 단체들은 사람들이 어떤 건물에 들어가는 것을 막기도 하고요.

환경 단체들이 자기네가 원하는 것은 뭐든지 하려고 한다면 그건 옳은 게 아니죠.

환경 단체들도 다른 모든 사람들처럼 규칙을 따라야 해요.

그래도, 환경 단체들의 일부 생각은 정말 마음에 들어요.

▶ 스피킹 코치의 족집게 조언

I've read in the news before that some of them wreck things
and destroy property.

'망치다'를 영어로? '일을 망치다', '계획을 망치다'라고 할 때 '망치다'의 뜻으로 어떤 동사를 쓰면 될까요? 바로 wreck이나 ruin을 사용하면 되는데, 이때 그냥 동사만 홀로 외우기보다는 동사와 결합된 표현들을 같이 외우면 좋아요. 한편 wreck은 이 의미 외에 물건 등을 '망가뜨리다, 파괴하다'의 뜻도 있다는 점, 아울러 알아두세요.

wreck[ruin] his plan 그의 계획을 망치다
wreck[ruin] her birthday party 그녀의 생일 파티를 망치다
wreck[ruin] his sporting career 운동선수로서의 그의 경력을 망치다
You're trying to wreck my life. 당신은 지금 제 인생을 망치려고 하고 있어요.

누구나 화가가 될 수 있다고 생각해요,
아니면 특별한 재능이 필요한가요?

원어민처럼 두괄식으로 말하기 한국어와 영어의 어순 구조 차이를 확인하세요.

결론부터 말하기

Kor 화가가 되려면 특별한 재능이 **필요한 것 같아요.**

Eng 전 생각해요 / 사람들이 필요로 한다고 / 특별한 재능을 / 화가가 되기 위해서는.

부연 설명하기 1

Kor 물론 **연습을** 많이 **하면** 좋은 기술을 어느 정도는 **습득할 수 있죠.**

Eng 물론 / 사람들이 연습을 할 수 있어요 / 많이 / 그리고 얻을 수 있어요 / 어느 정도 좋은 기술을.

부연 설명하기 2

Kor 하지만 **그것만으로는 충분하지 않아요.**

Eng 그걸로는 충분하지 않습니다 / 하지만.

부연 설명하기 3

Kor 미술적 재능을 어느 정도 **갖고 태어나지** 않으면 **결코 성공하지 못할 거예요.**

Eng 사람들은 타고나야 해요 / 미술적인 재능을 가지고 / 안 그러면 / 절대 제대로 효과가 안 날 거예요 / 사람들에게.

덧붙이기

Kor 어린아이일 때 벌써 누가 미술에 재능이 있고 없는지 알 **수가 있죠.**

Eng 아이가 어릴 때 / 이미 **가능해요** / 보는 게 / 누가 미술을 잘하는지 / 누가 그렇지 않은지.

마무리하기

Kor 대체로 **문제의 핵심은** 타고난 재능이 있느냐 **하는 거죠.**

Eng 문제의 핵심은 대체로 관한 것이죠 / 타고난 재능에.

Do you think anyone can be an artist or do you need a special talent?

원어민식 어구 배치 훈련 왼쪽 Eng 순서대로 어구를 배열해 보세요.

결론부터 말하기

a special talent / you need / I think / to be an artist.

you 여기서는 일반 사람들을 지칭   artist 미술가, 예술가

부연 설명하기 1

you can practice / sure, / and get / a lot / some good skills.

skill 기술

부연 설명하기 2

that's not enough, / though.

enough 충분한

부연 설명하기 3

or / with some artistic talent, / for you / you've got to be born / it'll never work.

artistic 미술적인

덧붙이기

it's already possible / who is good at art / when children are small, / to see / and who isn't.

be good at ~에 솜씨가 좋다

마무리하기

it's mostly all about / natural gifts.

natural gift 타고난 재능

121

결론부터 말하기　　　　　　　　　3회 듣기 ☐ ☐ ☐

I think you need a special talent/ to be an artist.

부연 설명하기 1　　　　　　　　　3회 듣기 ☐ ☐ ☐

Sure,/ you can practice a lot/ and get some good skills.

부연 설명하기 2　　　　　　　　　3회 듣기 ☐ ☐ ☐

That's not enough,/ though.

부연 설명하기 3　　　　　　　　　3회 듣기 ☐ ☐ ☐

You've got to be born with some artistic talent,/ or it'll never work for you.

덧붙이기　　　　　　　　　　　　3회 듣기 ☐ ☐ ☐

When children are small,/ it's already possible to see who is good at art/ and who isn't.

마무리하기　　　　　　　　　　　3회 듣기 ☐ ☐ ☐

It's mostly all about natural gifts.

화가가 되려면 특별한 재능이 필요한 것 같아요.

물론 연습을 많이 하면 좋은 기술을 어느 정도는 습득할 수 있죠.

하지만 그것만으로는 충분하지 않아요.

미술적 재능을 어느 정도 갖고 태어나지 않으면 결코 성공하지 못할 거예요.

어린아이일 때 벌써 누가 미술에 재능이 있고 없는지 알 수가 있죠.

대체로 문제의 핵심은 타고난 재능이 있느냐 하는 거죠.

▶ 스피킹 코치의 족집게 조언

You've got to be born with some artistic talent, or it'll never work for you.

talent·gift 결합 표현 '재능'이라고 할 때는 보통 talent나 gift를 사용해 말하죠. 다음 talent 및 gift와 관련된 결합 표현들을 꼭 알아두세요.

show a talent for acting 연기에 재능을 보이다
reveal hidden talents 숨겨진 재능을 드러내다
develop a talent 재능을 개발하다
squander her talent 그녀의 재능을 낭비하다
musical[artistic] talent 음악적[예술적] 재능
an outstanding talent 뛰어난 재능
a rare talent 드문 재능   natural gift 타고난 재능
a gift for languages 언어에 대한 재능   the gift of gab 말재주

전자책이 종이책을 사라지게
할 거라고 생각해요?

원어민처럼 두괄식으로 말하기 한국어와 영어의 어순 구조 차이를 확인하세요.

결론부터 말하기

Kor **전자책이** 종이책의 숫자를 줄어들**게는 하겠지만**, 그렇다고 **종이책이 사라지지는 않을 거예요.**

Eng 전자책은 만들 거예요 / 종이책의 수가 감소되게 / 하지만 / 그것들이 사라지진 않을 거예요.

이유 밝히기 1

Kor **많은 사람들이** 전자책 읽는 게 쉽고 재미있다며 **아주 좋아하죠.**

Eng 많은 사람들이 아주 좋아해요 / 얼마나 쉽고 재미있는지 모른다며 / 전자책을 읽는 것이.

이유 밝히기 2

Kor 심지어 종이책 읽는 걸 아예 **그만둔 사람들도 있어요.**

Eng 어떤 이들은 심지어 중단하기도 했죠 / 읽는 것을 / 종이책을.

이유 밝히기 3

Kor 그래도, **많은 사람들이** 손에 쥔 종이책의 감촉을 **좋아하기** 때문에 전자책으로 **절대 바꾸지 않을 거예요.**

Eng 여전히 / 많은 사람들이 좋아해요 / 종이책의 느낌을 / 그들의 손 안에 든 / 그리고 절대 바꾸지 않을 거예요 / 그것을.

마무리하기

Kor 사람마다 매우 **달라서** 결국 각자 개인에 **달려 있게 될 겁니다.**

Eng 그건 아주 달라요 / 모든 사람에 따라 / 그래서 / 그건 결국 ~의 문제일 거예요 / 개인.

Do you think e-books will make paper books disappear?

원어민식 어구 배치 훈련 왼쪽 Eng 순서대로 어구를 배열해 보세요.

결론부터 말하기

but / the number of paper books go down, / e-books will make / they won't disappear.

---

go down 내려가다   disappear (존재하던 것이) 사라지다[없어지다]

이유 밝히기 1

how easy and fun it is / a lot of people love / to read e-books.

---

fun 재미있는

이유 밝히기 2

reading / some have even stopped / paper books.

---

stop -ing ~을 멈추다

이유 밝히기 3

many others like / in their hands / that / the feeling of a paper book / and will never replace / still,.

---

replace 바꾸다

마무리하기

so / for everyone, / it'll come down to / it's very different / the individual.

---

come down to 결국 ~의 문제이다   individual 개인

125

두뇌 입력 훈련 세 가지 속도의 음원을 3회 이상 듣고 두뇌 속에 문장을 입력해 주세요.

결론부터 말하기　　　　　　　　　　　3회 듣기 ☐ ☐ ☐

E-books will make the number of paper books go down,/ but they won't disappear.

이유 밝히기 1　　　　　　　　　　　3회 듣기 ☐ ☐ ☐

A lot of people love how easy and fun it is/ to read e-books.

이유 밝히기 2　　　　　　　　　　　3회 듣기 ☐ ☐ ☐

Some have even stopped/ reading paper books.

이유 밝히기 3　　　　　　　　　　　3회 듣기 ☐ ☐ ☐

Still,/ many others like the feeling of a paper book in their hands/ and will never replace that.

마무리하기　　　　　　　　　　　3회 듣기 ☐ ☐ ☐

It's very different for everyone,/ so it'll come down to the individual.

전자책이 종이책의 숫자를 줄어들게는 하겠지만, 그렇다고 종이책이 사라지지는 않을 거예요.

많은 사람들이 전자책 읽는 게 쉽고 재미있다며 아주 좋아하죠.

심지어 종이책 읽는 걸 아예 그만둔 사람들도 있어요.

그래도, 많은 사람들이 손에 쥔 종이책의 감촉을 좋아하기 때문에 전자책으로 절대 바꾸지 않을 거예요.

사람마다 매우 달라서 결국 각자 개인에 달려 있게 될 겁니다.

▶ 스피킹 코치의 족집게 조언

It's very different for everyone, so it'll come down to the individual.

vary from ~ to ~ It's very different for everyone.은 '그건 사람마다 매우 달라요.'라는 뜻이에요. 그럼 이 문장을 different를 사용하지 않고 달리 표현할 수 있는 방법은 혹시 없을까요? 물론 있죠. 바로 '다르다'라는 뜻의 동사 vary를 써서 말하는 거예요. 그러니까 It varies from person to person.이라고 말하는 거죠. 이처럼 'vary from ~ to ~'를 사용하면 '~마다 달라요'라는 뜻을 효과적으로 나타낼 수 있죠. 이러한 'vary from ~ to ~'의 문장 패턴은 실전에서 다양하게 활용할 수 있을 뿐 아니라 대화 상대방의 뇌리에도 좋은 인상을 남길 수 있어요.

Traditions vary from country to country. 전통은 나라마다 달라요.
Allergy symptoms can vary from person to person.
알레르기 증상은 사람마다 다를 수 있어요.

UNIT 04
학교에서 휴대폰 사용을 금지해야 한다고 생각해요?

원어민처럼 두괄식으로 말하기 한국어와 영어의 어순 구조 차이를 확인하세요.

결론부터 말하기

Kor **전** 학교에서 몇 가지 규칙을 정하고 휴대폰 사용을 허용해야 한다고 **생각해요.**

Eng 저는 생각해요 / 학교가 허용해야 한다고 / 휴대폰을 / 다만 몇 가지 규칙은 가지고.

부연 설명하기 1

Kor 휴대폰이 있다는 것은 **아무런 문제가 없지만 학생들이** 휴대폰 사용과 관련해서는 **현명해져야죠.**

Eng 잘못된 건 아무것도 없어요 / 휴대폰을 소지하는 것과 관련해 / 그렇지만 / 학생들은 현명해져야 해요 / 그것에 대해.

예시하기

Kor 수업 중일 때는 **휴대폰을 끄고** 수업 중에 사람들에게 **전화하지 않는 거죠.**

Eng 당신은 그것들을 꺼요 / 수업 중일 때는 / 그리고 / 당신은 전화를 걸지 않아요 / 사람들에게 / 수업 시간에는.

부연 설명하기 2

Kor 이런 몇 가지 간단한 규칙들만 있다면 **아무 문제없을 거예요.**

Eng 그들이 가지고 있다면 / 몇 가지 간단한 규칙을 / 그렇게 / 어떤 문제도 없을 거예요.

마무리하기

Kor 결국 핵심은 서로를 존중**하는 거지요.**

Eng 결국 / 핵심은 바로 ~예요 / 서로를 존중하는 것에 관한 것.

Do you think schools should ban mobile phones?

원어민식 어구 배치 훈련 왼쪽 Eng 순서대로 어구를 배열해 보세요.

결론부터 말하기

schools should allow / I think / but with some rules / mobile phones.

allow 허용[허락]하다

부연 설명하기 1

but / there's nothing wrong / the students have to be smart / with having a phone, / about it.

smart 똑똑한

예시하기

people / and / you turn them off / in class / during a lesson / you don't call.

turn ~ off ~을 끄다   lesson 수업

부연 설명하기 2

a few simple rules / if they had / there wouldn't be any problems / like that,.

like that 그렇게, 그처럼   simple 간단한

마무리하기

it's just / after all, / about respecting each other.

after all 결국   it's all about 핵심은 결국 ~이다   respect 존중[존경]하다

129

MP3 25-01

두뇌 입력 훈련 세 가지 속도의 음원을 3회 이상 듣고 두뇌 속에 문장을 입력해 주세요.

결론부터 말하기　　　　　　　　　　　　3회 듣기 ☐ ☐ ☐

I think schools should allow mobile phones/ but with some rules.

부연 설명하기 1　　　　　　　　　　　　3회 듣기 ☐ ☐ ☐

There's nothing wrong with having a phone,/ but the students have to be smart about it.

예시하기　　　　　　　　　　　　　　　3회 듣기 ☐ ☐ ☐

You turn them off in class/ and you don't call people during a lesson.

부연 설명하기 2　　　　　　　　　　　　3회 듣기 ☐ ☐ ☐

If they had a few simple rules like that,/ there wouldn't be any problems.

마무리하기　　　　　　　　　　　　　　3회 듣기 ☐ ☐ ☐

After all,/ it's just about respecting each other.

전 학교에서 몇 가지 규칙을 정하고 휴대폰 사용을 허용해야 한다고 생각해요.

휴대폰이 있다는 것은 아무런 문제가 없지만 학생들이 휴대폰 사용과 관련해서는
현명해져야죠.

수업 중일 때는 휴대폰을 끄고 수업 중에 사람들에게 전화하지 않는 거죠.

이런 몇 가지 간단한 규칙들만 있다면 아무 문제없을 거예요.

결국 핵심은 서로를 존중하는 거지요.

▶ 스피킹 코치의 족집게 조언

After all, it's just about respecting each other.

말을 맺을 때 사용하는 Function 익히기 다음은 말을 맺거나 이야기를 마무리할 때 자주 사
용하는 Function, 즉 기본 문장 패턴들이에요. 입에 익혔다가 적절할 때 활용해 보세요.

In conclusion, ~. · To conclude, ~. 결론적으로 ~예요
Finally, ~. · After all, ~. · In the end, ~. 결국 ~예요
All in all, ~. · Overall, ~. 대체로 ~예요
To sum up, ~. · In summary, ~. 요약하자면 ~예요
To make a long story short, ~. 짧게 줄여 얘기하자면 ~예요
In short, ~. In a word, ~. 요컨대, 한마디로 ~예요
Last but not least, ~. 마지막으로 중요한 것은 ~예요

페이스북이나 트위터 같은 소셜
네트워킹에 대해 어떤 찬성과
반대 의견이 있나요?

원어민처럼 두괄식으로 말하기 한국어와 영어의 어순 구조 차이를 확인하세요.

결론부터 말하기

Kor **소셜 네트워킹이** 사람들과 교류하는 데 **도움이 될 수 있지만,** 시간도 많이 **낭비하게 합니다.**

Eng 소셜 네트워킹은 도와줘요 / 사람들을 연결시키는 걸 / 하지만 / 그건 또 낭비할 수도 있어요 / 많은 시간을.

부연 설명하기 1

Kor **소셜 네트워킹이** 사람들과 연락을 유지하고 옛 친구들을 찾을 수 있는 **아주 훌륭한 방법이긴 해요.**

Eng 그건 ~예요 / 아주 훌륭한 방법 / 사람들과 연락을 유지하는 / 그리고 옛날 친구들을 찾는.

부연 설명하기 2

Kor 하지만, 또 **사람들이** 메시지를 보내는 데 너무 많은 시간을 **써서 다른 일에 피해를 주죠.**

Eng 하지만 / 사람들은 또한 쓸 수 있어요 / 너무 많은 시간을 / 메시지를 보내는 데 / 그리고 나면 / 다른 일이 피해를 입게 되죠.

예시하기

Kor 친구가 하나 **있는데,** 소셜 네트워킹에 하루 4시간씩을 쓴대요.

Eng 저는 가지고 있어요 / 한 친구를 / 이렇게 말하는 (친구를) / 그녀가 쓴다고 / 하루에 네 시간을 / 소셜 네트워킹에.

덧붙이기

Kor 그건 그리 건전하지 **않은 것 같아요.**

Eng 전 생각하지 않아요 / 그게 아주 건전하다고.

마무리하기

Kor **저는** 제가 그렇게 많은 시간을 소셜 네트워킹에 쓰지 않기를 **바라요.**

Eng 전 바라죠 / 제가 절대 쓰지 않기를 / 그렇게 많은 시간을 / 거기에.

What are the pros and cons of social networking, such as Facebook and Twitter?

원어민식 어구 배치 훈련 왼쪽 Eng 순서대로 어구를 배열해 보세요.

결론부터 말하기

but / it can also waste / connect people, / a lot of time / social networking helps.

social networking (인터넷) SNS   connect 연결하다

부연 설명하기 1

such a great way / to stay in touch with people / it's / and find old friends.

stay in touch with ~와 연락을 유지하다

부연 설명하기 2

and then / too much time / but / sending messages / people can also spend / other things suffer.

suffer 피해[손해]를 입다

예시하기

I have / four hours a day / who says / she spends / one friend / on social networking.

spend money/time on ~ ~에 돈/시간을 쓰다

덧붙이기

I don't think / that's very healthy.

healthy 건전한, 건강한

마무리하기

that much time / I hope / on it / I never spend.

that 그만큼, 그렇게

두뇌 입력 훈련 세 가지 속도의 음원을 3회 이상 듣고 두뇌 속에 문장을 입력해 주세요.

결론부터 말하기   3회 듣기 ☐ ☐ ☐

Social networking helps connect people,/ but it can also waste a lot of time.

부연 설명하기 1   3회 듣기 ☐ ☐ ☐

It's such a great way to stay in touch with people/ and find old friends.

부연 설명하기 2   3회 듣기 ☐ ☐ ☐

But people can also spend too much time sending messages/ and then other things suffer.

예시하기   3회 듣기 ☐ ☐ ☐

I have one friend who says/ she spends four hours a day on social networking.

덧붙이기   3회 듣기 ☐ ☐ ☐

I don't think/ that's very healthy.

마무리하기   3회 듣기 ☐ ☐ ☐

I hope/ I never spend that much time on it.

동시통역 훈련 우리말을 영어로 말하고 쓰고 들으세요.

소셜 네트워킹이 사람들과 교류하는 데 도움이 될 수 있지만, 시간도 많이 낭비하게 합니다.

소셜 네트워킹이 사람들과 연락을 유지하고 옛 친구들을 찾을 수 있는 아주 훌륭한 방법이긴 해요.

하지만, 또 사람들이 메시지를 보내는 데 너무 많은 시간을 써서 다른 일에 피해를 주죠.

친구가 하나 있는데 소셜 네트워킹에 하루 4시간씩을 쓴대요.

그건 그리 건전하지 않은 것 같아요.

저는 제가 그렇게 많은 시간을 소셜 네트워킹에 쓰지 않기를 바라요.

▶ 스피킹 코치의 족집게 조언

Social networking helps connect people, but it can also waste a lot of time.

Do you tweet? 아직까지 SNS(소셜 네트워크 서비스)의 대표는 페이스북입니다. 그래서인지 어떤 사람을 처음 만나면 메일 주소를 묻는 대신 '페이스북 하세요?'라는 질문을 하게 되죠. 원어민들은 이렇게 물어봅니다.
Are you on Facebook? 페이스북 하세요?
Do you have a Facebook account? 페이스북 계정 있어요?

또 간혹 트위터 하냐고 물어보는 사람들도 있는데요, 그때는 이렇게 말하세요.
Do you tweet?
Are you a Twit? 트위터 하세요?

135

지금부터 100년 후,
세계의 가장 큰 문제는
무엇일 거라고 생각해요?

원어민처럼 두괄식으로 말하기 한국어와 영어의 어순 구조 차이를 확인하세요.

결론부터 말하기

Kor 제가 예측하기로 세계의 가장 큰 문제는 지구 온난화일 거예요.

Eng 전 예상해요 / 세계의 가장 큰 문제는 ~일 거라고 / 지구 온난화.

예시하기 1

Kor 100년 후에 지구상에 있는 **빙하의 대부분이 녹을 거예요.**

Eng 100년 후에는 / 대부분의 빙하가 / 지구상에 있는 / 녹을 거예요.

예시하기 2

Kor 해수면도 올라가겠죠.

Eng 해수면도 올라갈 거고요.

부연 설명하기

Kor **이건** 소중한 많은 땅과 동물 종들을 잃게 된다는 **말이에요.**

Eng 이건 의미해요 / 우리가 잃을 거라는 것을 / 많은 소중한 땅을 / 그리고 많은 동물의 종을.

덧붙이기

Kor **저는** 많은 오염 물질들이 대기로 가는 것을 줄일 수 있는 방법들을 찾아내기를 **바라요.**

Eng 전 희망해요 / 우리가 찾기를 / 방법들을 / 줄이는 (방법들을) / 많은 오염 물질들이 가는 걸 / 대기 중으로.

마무리하기

Kor 그렇지 않으면 해결해야 할 엄청난 문제를 **안게 될 거예요.**

Eng 그렇지 않으면 / 우리는 갖게 될 거예요 / 엄청 큰 문제를 / 해결해야 하는.

100 years from now, what do you think will be the world's greatest problem?

원어민식 어구 배치 훈련 왼쪽 Eng 순서대로 어구를 배열해 보세요.

결론부터 말하기

the world's biggest problem will be / I predict / global warming.

predict 예측[예상]하다

예시하기 1

most of the glaciers / in 100 years, / will melt / on Earth.

glacier 빙하   melt 녹다

예시하기 2

the water level in the oceans will rise.

ocean 해양   the water level in the ocean 해수면   rise 올라가다

부연 설명하기

this means / a lot of valuable land / that we will lose / and many animal species.

species (생물 분류의 단위) 종

덧붙이기

I hope / ways / that we'll find / to reduce / into the air / how much pollution goes.

reduce 줄이다   pollution 오염 물질

마무리하기

a huge problem / we'll have / otherwise, / to fix.

otherwise 그렇지 않으면   fix 해결하다

결론부터 말하기　　　　　　　　　　　　3회 듣기 ☐ ☐ ☐

I predict/ the world's biggest problem will be global warming.

예시하기 1　　　　　　　　　　　　3회 듣기 ☐ ☐ ☐

In 100 years,/ most of the glaciers on Earth will melt.

예시하기 2　　　　　　　　　　　　3회 듣기 ☐ ☐ ☐

The water level in the oceans will rise.

부연 설명하기　　　　　　　　　　　　3회 듣기 ☐ ☐ ☐

This means/ that we will lose a lot of valuable land/ and many animal species.

덧붙이기　　　　　　　　　　　　3회 듣기 ☐ ☐ ☐

I hope that we'll find ways/ to reduce how much pollution goes into the air.

마무리하기　　　　　　　　　　　　3회 듣기 ☐ ☐ ☐

Otherwise,/ we'll have a huge problem to fix.

동시통번역 훈련 우리말을 영어로 말하고 쓰고 들으세요.

제가 예측하기로 세계의 가장 큰 문제는 지구 온난화일 거예요.

100년 후에 지구상에 있는 빙하의 대부분이 녹을 거예요.

해수면도 올라가겠죠.

이건 소중한 많은 땅과 동물 종들을 잃게 된다는 말이에요.

저는 많은 오염 물질들이 대기로 가는 것을 줄일 수 있는 방법들을 찾아내기를 바라요.

그렇지 않으면 해결해야 할 엄청난 문제를 안게 될 거예요.

▶ 스피킹 코치의 족집게 조언

Otherwise, we'll have a huge problem to fix.

동사 fix의 네 가지 의미 동사 fix는 대개 다음 네 가지 의미로 쓰여요. 첫째는 '고정하다'라는 뜻이고, 둘째는 '수리하다', 셋째는 '정하다', 그리고 넷째는 음식 따위를 '만들다, 준비하다'라는 의미예요.

Do you know how to fix a shelf on the wall? 선반을 벽에 어떻게 고정시키는지 아세요?
He is able to quickly find and fix PC problems.
그는 PC의 문제들을 빨리 발견해서 고칠 줄 알아요.
My sister has not fixed a date for the wedding yet.
제 누이는 결혼식 날짜를 아직 못 정했어요.
Can I fix you a drink? 마실 것 좀 만들어 줄까?

유전자 변형 식품에 관한
당신의 견해는
무엇인가요?

원어민처럼 두괄식으로 말하기 한국어와 영어의 어순 구조 차이를 확인하세요

결론부터 말하기

Kor 유전자 변형 식품 때문에 불안하긴 한데, 왜 그런지는 **확실히 잘 모르겠어요.**

Eng 유전자 변형 식품이 만들어요 / 절 불안하게 / 하지만 / 저는 잘 모르겠어요 / 왜인지.

부연 설명하기 1

Kor 식품 가지고 장난치려는 것은 아무튼 좀 위험한 일**인 것 같아요.**

Eng 저는 그냥 **생각해요** / 좀 위험히디고 / 장난치기 시작하는 건 / 식품을 가지고.

부연 설명하기 2

Kor **사람은** 자연적인 것을 바꾸려는 시도를 하는 순간 곤경에 **처하게 되죠.**

Eng 사람들이 시도하는 순간 / 뭔가를 바꾸는 것을 / 자연스러운 (뭔가를) / 사람들은 얻게 돼요 / 곤란한 상황을.

부연 설명하기 3

Kor 그 시도가 과연 좋은 건지 아닌지에 대해서도 명확하게 증명하지 못하는 걸 로 **알고 있어요.**

Eng 저는 알고 있어요 / 사람들은 증명할 수 없다는 걸 / 충분히 / 그게 좋은지 나쁜지에 대해서.

덧붙이기 1

Kor 하지만 만약 10년 후 유전자 변형 식품이 세상에 끔찍한 영향을 끼친다는 걸 알게 된다면 **어떻게 하겠어요?**

Eng 하지만 / 어쩌죠 / 10년 후에 / 만약 우리가 발견한다면 / 유전자 변형 식품이 한다는 걸 / 끔찍한 것을 / 우리 세상에?

덧붙이기 2

Kor 그때는 너무 늦을 거예요.

Eng 그땐 너무 늦을 거예요.

마무리하기

Kor 얼마나 엄청난 재앙이겠어요!

Eng 정말 재앙이에요 / 있을 수 있게 될!

What are your views on genetically-modified (GM) food?

원어민식 **어구 배치 훈련** 왼쪽 Eng 순서대로 어구를 배열해 보세요.

결론부터 말하기

I'm not sure / GM food makes / but / me nervous, / why.

nervous 불안한, 초조한

부연 설명하기 1

to start playing around / it's kind of risky / I just think / with food.

play around with ~을 가지고 장난치다

부연 설명하기 2

you get / as soon as you try / that's natural, / to change something / trouble.

as soon as ~하는 순간　you 여기서는 일반적인 사람을 지칭

부연 설명하기 3

much / I know / that they can't prove / about if it's good or not.

prove 증명하다

덧붙이기 1

what about / terrible things / in 10 years / but / that GM food does / if we find out / to our world?

do things to ~에 영향을 끼치다

덧붙이기 2

it'll be too late.

late 늦은

마무리하기

what a disaster / that'd be!

disaster 재앙

141

두뇌 입력 훈련 세 가지 속도의 음원을 3회 이상 듣고 두뇌 속에 문장을 입력해 주세요.

결론부터 말하기 3회 듣기 ☐ ☐ ☐

GM food makes me nervous,/ but I'm not sure why.

부연 설명하기 1 3회 듣기 ☐ ☐ ☐

I just think it's kind of risky/ to start playing around with food.

부연 설명하기 2 3회 듣기 ☐ ☐ ☐

As soon as you try to change something/ that's natural,/ you get trouble.

부연 설명하기 3 3회 듣기 ☐ ☐ ☐

I know that they can't prove much/ about if it's good or not.

덧붙이기 1 3회 듣기 ☐ ☐ ☐

But what about in 10 years/ if we find out/ that GM food does terrible things to our world?

덧붙이기 2 3회 듣기 ☐ ☐ ☐

It'll be too late.

마무리하기 3회 듣기 ☐ ☐ ☐

What a disaster/ that'd be!

유전자 변형 식품 때문에 불안하긴 한데, 왜 그런지는 확실히 잘 모르겠어요.

식품 가지고 장난치려는 것은 아무튼 좀 위험한 일인 것 같아요.

사람은 자연적인 것을 바꾸려는 시도를 하는 순간 곤경에 처하게 되죠.

그 시도가 과연 좋은 건지 아닌지에 대해서도 명확하게 증명하지 못하는 걸로 알고 있어요.

그러다가 만약 10년 후 유전자 변형 식품이 세상에 끔찍한 영향을 끼친다는 걸 알게 된다면 어떻게 하겠어요?

그때는 너무 늦을 거예요.

얼마나 엄청난 재앙이겠어요!

▶ 스피킹 코치의 족집게 조언

What a disaster that'd be!

disaster = catastrophe = calamity '재난', '재앙'이라고 할 때 가장 많이 사용하는 영어 단어는 disaster예요. 그 다음이 catastrophe고, 또 calamity도 종종 사용하죠. 그리고 보다 효과적으로 표현하려면 이 세 명사에서 각각 파생한 '재앙을 초래하는', '비참한'이라는 뜻의 형용사들, 즉 disastrous, catastrophic, calamitous도 알아두는 게 좋아요. '환경'이나 '과학 기술'과 관련된 토픽이 나올 때 꽤 유용하게 써먹을 수 있을 거예요.

disastrous effects on Earth 지구에 재앙을 초래하는 영향
catastrophic consequences 비참한 결과
a calamitous nuclear war 재앙을 초래하는 핵전쟁

화장품과 의약품을 테스트하기 위해
동물 실험을 할 필요가
있다고 생각해요?

원어민처럼 두괄식으로 말하기 한국어와 영어의 어순 구조 차이를 확인하세요

결론부터 말하기

Kor 가끔은 동물 실험을 해야 할 **것 같아요**. 특히 의약품의 경우는요.

Eng 전 생각해요 / 때때로 / 우리가 그냥 실험을 해야 한다고 / 동물들에게 / 특히 의약품을 위해서.

이유 밝히기 1

Kor 지금으로서는 어떤 물질이 사람에게 나쁜지 아닌지 알아낼 더 좋은 방법이 **없잖아요**.

Eng 우리는 가지고 있지 않아요 / 더 나은 방법을 / 찾아낼 (방법을) / 특정한 것이 나쁜지 아닌지 / 사람들에게.

이유 밝히기 2

Kor **과학자들이** 이 문제에 대해 어떤 해결책도 **찾아내지 못했기 때문에 우리로서는 달리 방법이 없는 듯해요.**

Eng 과학자들은 내놓지 못하고 있어요 / 어떤 해결책도 / 이 문제에 / 그래서 / 유감이지만 / 우리는 해야 할 수밖에 없어요 / 그것을.

덧붙이기 1

Kor 사람을 대상으로 신제품을 **실험할 수는 없잖아요**.

Eng 우리는 시도할 수 없어요 / 새로운 제품들을 / 사람들에게.

덧붙이기 2

Kor 만약 **뭔가 잘못되면** 어떻게 하겠어요?

Eng 어떡하죠 / 뭔가 잘못되면?

마무리하기

Kor 지금으로서는 달리 **선택의 여지가 없어요**.

Eng 선택권이 없어요 / 지금 당장에는.

Do you think it's necessary to experiment on animals to test cosmetics and drugs?

원어민식 어구 배치 훈련 왼쪽 Eng 순서대로 어구를 배열해 보세요.

결론부터 말하기

we just have to experiment / I think / on animals, / sometimes / especially for drugs.

experiment 실험[시험]하다

이유 밝히기 1

if certain things are bad / we don't have / to find out / for people / a better way.

certain 어떤, 특정한

이유 밝히기 2

any solutions / we're stuck with / so / the scientists haven't come up with / I'm afraid / to this problem, / it.

come up with 찾아내다, 내놓다   solution 해결책
be stuck with ~ 하고 싶지 않은 것을 억지로 하다   it 여기서는 동물 실험을 가리킴

덧붙이기 1

new products / we can't try / on people.

product 제품

덧붙이기 2

what if / something goes wrong?

What if ~? 만약 ~하면 어찌 되나?

마무리하기

there's no choice / right now.

right now 지금 당장(은)

145

MP3 29-01

두뇌 입력 훈련 세 가지 속도의 음원을 3회 이상 듣고 두뇌 속에 문장을 입력해 주세요.

결론부터 말하기 3회 듣기 ☐ ☐ ☐

I think sometimes/ we just have to experiment on animals,/ especially for drugs.

이유 밝히기 1 3회 듣기 ☐ ☐ ☐

We don't have a better way/ to find out if certain things are bad for people.

이유 밝히기 2 3회 듣기 ☐ ☐ ☐

The scientists haven't come up with any solutions to this problem,/ so I'm afraid we're stuck with it.

덧붙이기 1 3회 듣기 ☐ ☐ ☐

We can't try new products/ on people.

덧붙이기 2 3회 듣기 ☐ ☐ ☐

What if/ something goes wrong?

마무리하기 3회 듣기 ☐ ☐ ☐

There's no choice/ right now.

가끔은 동물 실험을 해야 할 것 같아요. 특히 의약품의 경우는요.

지금으로서는 어떤 물질이 사람에게 나쁜지 아닌지 알아낼 더 좋은 방법이 없잖아요.

과학자들이 이 문제에 대해 어떤 해결책도 찾아내지 못했기 때문에 우리로서는 달리 방법이 없는 듯해요.

사람을 대상으로 신제품을 실험할 수는 없잖아요.

만약 뭔가 잘못되면 어떻게 하겠어요?

지금으로서는 달리 선택의 여지가 없어요.

▶ 스피킹 코치의 족집게 조언

What if something goes wrong?

What if ~? 일상 회화 및 실전 상황에서 유용하게 쓸 수 있는 구문 중 하나가 What if ~?예요. What if ~?는 흔히 두 가지 의도로 쓰여요. 첫 번째는 '결과에 대한 궁금증'을 나타내는 표현으로 '만약 ~하면 어떻게 하지?'라는 뜻이에요.

A: What if it rains tomorrow? 만약 내일 비가 오면 어떻게 하지?
B: We'll just have to postpone it. 아마 연기해야 할 거야.

두 번째는 '제안'의 의미로 다음은 역시 그 예에요.

What if we moved the sofa over there? Would that look better?
소파를 저기다 옮겨 놓으면 어떨까? 더 멋져 보이겠지?

스피킹 시험의 토픽 유형 문제에서 이러한 'What if ~?' 구문을 사용해 말을 마무리하는 것도 좋은 아이디어예요.

평생 교육의
개념에 대해
어떻게 생각해요?

원어민처럼 **두괄식으로 말하기** 한국어와 영어의 어순 구조 차이를 확인하세요.

결론부터 말하기

Kor **저는** 평생 교육의 개념이 **아주 마음에 들어요.**

Eng 저는 너무 마음에 들어요 / 발상이 / 평생 교육의.

부연 설명하기 1

Kor 배움은 사람들의 삶을 보다 풍요롭고 흥미진진하게 해주므로 배움을 **절대 중단해서는 안 돼요.**

Eng 사람들은 절대 멈춰서는 안 돼요 / 배우는 것을 / 왜냐하면 그게 만들기 때문이죠 / 사람들의 삶을 보다 풍요롭고 흥미롭게.

부연 설명하기 2

Kor **저는** 왜 어떤 사람들은 배우는 걸 별로 좋아하지 않는지 **이해가 안 가요.**

Eng 저는 이해가 안 돼요 / 왜 어떤 사람들은 좋아하지 않는지 / 배우는 것을 / 별로.

이유 밝히기

Kor 아마 학교 다닐 때 좋은 선생님을 만나지 못했거나 자신이 흥미 있어 하는 것을 공부해 본 적이 없기 때문**일 거예요.**

Eng 저는 생각해요 / 아마 그들은 가졌다고 / 나쁜 선생님들을 / 학교 다닐 때 / 아니면 / 그들이 절대 배우지 못했다고 / 어떤 것들에 대해 / 그들의 관심을 끌었던 (어떤 것들에 대해서).

덧붙이기

Kor 제게, 배울 수 있는 것에 **한계란 없어요.**

Eng 저한테는 / 한계가 없어요 / 우리가 배울 수 있는 것에.

마무리하기

Kor **결코** (배움을) 멈추고 **싶지 않아요.**

Eng 저는 절대로 원하지 않아요 / 멈추는 것을.

What do you think of the idea of lifelong education?

원어민식 어구 배치 훈련 왼쪽 Eng 순서대로 어구를 배열해 보세요.

결론부터 말하기

the idea / I love / of lifelong education.

lifelong 일생의, 평생의

부연 설명하기 1

learning / you should never stop / your life more rich and interesting / because it just makes.

rich 풍요로운

부연 설명하기 2

learning / why some people don't like / I don't understand / very much.

learning 배움, 학습

이유 밝히기

about things / maybe they had / I guess / bad teachers / or / they never learned / in school / that interested them.

interest 흥미를 갖게 하다, 관심을 끌다

덧붙이기

there's no limit / for me, / to what we can learn.

limit 한계

마무리하기

I never want / to stop.

149

MP3 30-01

두뇌 입력 훈련 세 가지 속도의 음원을 3회 이상 듣고 두뇌 속에 문장을 입력해 주세요.

결론부터 말하기   3회 듣기 ☐ ☐ ☐

I love the idea of lifelong education.

부연 설명하기 1   3회 듣기 ☐ ☐ ☐

You should never stop learning/ because it just makes your life more rich and interesting.

부연 설명하기 2   3회 듣기 ☐ ☐ ☐

I don't understand/ why some people don't like learning very much.

이유 밝히기   3회 듣기 ☐ ☐ ☐

I guess maybe they had bad teachers in school/ or they never learned about things/ that interested them.

덧붙이기   3회 듣기 ☐ ☐ ☐

For me,/ there's no limit to what we can learn.

마무리하기   3회 듣기 ☐ ☐ ☐

I never want to stop.

동시통역 훈련 우리말을 영어로 말하고 쓰고 들으세요.

저는 평생 교육의 개념이 아주 마음에 들어요.

배움은 사람들의 삶을 보다 풍요롭고 흥미진진하게 해주므로 배움을 절대 중단해서는 안 돼요.

저는 왜 어떤 사람들은 배우는 걸 별로 좋아하지 않는지 이해가 안 가요.

아마 학교 다닐 때 좋은 선생님을 만나지 못했거나 자신이 흥미 있어 하는 것을 공부해 본 적이 없기 때문일 거예요.

제게, 배울 수 있는 것에 한계란 없어요.

결코 배움을 멈추고 싶지 않아요.

▶ 스피킹 코치의 족집게 조언

I love the idea of lifelong education.

education 결합 표현 일상에서, 강연이나 스피킹 시험에서 '교육'에 관련된 토픽이 꽤 나오는 것 같아요. 다음은 '교육'에 관련된 주제에서 유용하게 쓸 수 있는 결합 표현들이에요.

compulsory education 의무 교육   public[state] education 공교육
private education 사교육   preschool education 유아 교육
elite education 엘리트 교육   higher education 고등 교육
adult[continuing] education 성인 교육   lifelong education 평생 교육
give[provide] free education 무상 교육을 제공하다
complete one's education 교육을 마치다
get[receive] a high quality education 질 높은 교육을 받다

UNIT 10

시험 성적이 여러분의 진짜 능력과 지능을 반영한다고 생각해요?

원어민처럼 **두괄식으로 말하기** 한국어와 영어의 어순 구조 차이를 확인하세요.

결론부터 말하기

Kor **전** 시험 성적이 제 진짜 능력을 반영한다고는 **생각하지 않아요.**

Eng 전 생각하지 않아요 / 제 시험 점수가 반영한다고 / 어떤 진실을 / 제 기량에 대해.

이유 밝히기

Kor **제 문제는** 시험을 보기 전에 너무 긴장한다**는 거예요.**

Eng 제 문제는 ~예요 / 제가 완전히 긴장한다는 것 / 제가 시험을 치르기 전에.

예시하기 1

Kor 선생님이 시험지를 나눠 주면 **머릿속이 하얘지면서** 명쾌하게 **생각이 안 나요.**

Eng 선생님이 주실 때 / 제게 시험지를 / 제 머리가 멍해져요 / 그리고 / 전 생각할 수가 없게 돼요 / 제대로.

예시하기 2

Kor 그래서 **저는** 대체로 시험을 엉망으로 **보고** 점수도 **형편없어요.**

Eng 그래서 / 저는 보통 합니다 / 형편없이 / 그리고 받죠 / 끔찍한 점수를.

제안하기

Kor **학교는** 학생들이 공부를 어떻게 잘하고 있는지 알아내기 위해 다른 방법들을 **사용해야 해요.**

Eng 학교는 사용해야 해요 / 다른 방법들을 / 알아내기 위해 / 어떻게 학생들이 하고 있는지.

마무리하기

Kor **시험은** 진짜 최악의 방법**이에요.**

Eng 시험은 ~예요 / 최악의 방법 / 진짜.

---

152   PART 3

Do you think your test scores reflect your true ability and intelligence?

원어민식 어구 배치 훈련 왼쪽 Eng 순서대로 어구를 배열해 보세요.

결론부터 말하기

any truth / my test scores reflect / I don't think / about my abilities.

score 점수, 성적

이유 밝히기

that I get totally nervous / my problem is / before I take tests.

nervous 초조한   **take a test** 시험을 치다

예시하기 1

and / when the teacher gives / I can't think / my mind goes blank / straight / me the test,.

go blank 머릿속이 하얘지다   **think straight** 논리 정연하게 생각하다, 명쾌하게 생각하다

예시하기 2

a terrible job / I usually do / and get / so / a terrible mark.

do a terrible job 형편없이 하다, 엉망으로 하다   **mark** 점수

제안하기

to find out / different ways / schools need to use / how students are doing.

find out 알아내다

마무리하기

the worst way / possible / tests are.

worst 최악의   **possible** (최상급 뒤에 놓여 최상급의 의미 강조) 진짜, 정말

결론부터 말하기   3회 듣기 ☐ ☐ ☐

I don't think/ my test scores reflect any truth about my abilities.

이유 밝히기   3회 듣기 ☐ ☐ ☐

My problem is that I get totally nervous/ before I take tests.

예시하기 1   3회 듣기 ☐ ☐ ☐

When the teacher gives me the test,/ my mind goes blank/ and I can't think straight.

예시하기 2   3회 듣기 ☐ ☐ ☐

So I usually do a terrible job/ and get a terrible mark.

제안하기   3회 듣기 ☐ ☐ ☐

Schools need to use different ways/ to find out how students are doing.

마무리하기   3회 듣기 ☐ ☐ ☐

Tests are the worst way/ possible.

전 시험 성적이 제 진짜 능력을 반영한다고는 생각하지 않아요.

제 문제는 시험을 보기 전에 너무 긴장한다는 거예요.

선생님이 시험지를 나눠주면 머릿속이 하얘지면서 명쾌하게 생각이 안 나요.

그래서 저는 대체로 시험을 엉망으로 보고 점수도 형편없어요.

학교는 학생들이 공부를 어떻게 잘하고 있는지 알아내기 위해 다른 방법들을 사용해야 해요.

시험은 진짜 최악의 방법이에요.

▶ 스피킹 코치의 족집게 조언

Tests are the worst way possible.

최상급+possible the biggest room possible처럼 최상급 뒤에 possible이 오는 경우는 두 가지로 해석이 가능합니다. 첫 번째는 '가능한 한 가장 큰 방'의 의미가 될 수 있고요, 두 번째는 '진짜 가장 큰 방'처럼 possible이 최상급 the biggest를 강조하는 뜻으로 쓰일 수도 있습니다. 문장에서 첫 번째 뜻인지 두 번째 뜻인지를 어떻게 알까요? 바로 문맥을 파악하면 가능합니다. 그래서 이런 어구가 보이면 가장 먼저 문맥을 보는 게 중요한 것이죠.

요즘 청소년들의 어떤 면 때문에 당신은 미래에 대해 희망적인가요?

원어민처럼 두괄식으로 말하기 한국어와 영어의 어순 구조 차이를 확인하세요.

결론부터 말하기

Kor 요즘 청소년들은 지구와 책임 있는 행동에 대해 더 관심이 있는 **것 같아요.**

Eng 저는 생각해요 / 요즘의 청소년들이 더 관심을 가진다고 / 지구에 대해 / 그리고 책임감 있게 행동하려고 하는 것에.

예시하기

Kor **청소년들이** 재활용, 지구 온난화, 대체 에너지 같은 것들에 대해 모두 잘 **알고 있더라고요.**

Eng 그들은 알고 있어요 / 모두 / 재활용, 지구 온난화, 대체 에너지 같은 것들에 대해서.

덧붙이기 1

Kor **이전 세대들은** 그런 것들에 그리 관심이 많지 **않았던 것 같은데, 요즘 청소년들은 관심이 많더라고요.**

Eng 이전 세대들은 보이지 않았어요 / 관심이 있는 듯 / 많이 / 그런 것들에 대해서 / 하지만 / 요즘의 청소년들은 그렇답니다.

덧붙이기 2

Kor **저는** 요즘 청소년들이 기술과 새로운 아이디어들을 어떻게 사용할지 몹시 **기대가 돼요.**

Eng 저는 기대돼요 / 어떻게 요즘의 청소년들이 사용할지 / 기술과 새로운 아이디어들을.

마무리하기

Kor 청소년들이 보다 깨끗하고 더 나은 지구를 만드는 데 도움이 될 **것 같아요.**

Eng 저는 생각해요 / 그들이 만드는 데 도움이 될 거라고 / 지구를 더 깨끗하고 더 좋게.

What aspects of today's youth make you hopeful about the future?

결론부터 말하기

about the earth / today's youth care more / I think / and being responsible.

care about ~에 관심을 가지다   responsible 책임감 있는

예시하기

all / they know / about stuff like recycling, global warming, and alternative energy.

recycling 재활용   alternative energy 대체 에너지

덧붙이기 1

today's young people do / to care / the generations before didn't seem / as much / about all that, / but.

generation 세대

덧붙이기 2

how today's youth will use / I'm excited about / technology and new ideas.

excited about ~에 흥분한, 들뜬

마무리하기

they'll help make / I think / the earth cleaner and better.

MP3 32-01

두뇌 입력 훈련 세 가지 속도의 음원을 3회 이상 듣고 두뇌 속에 문장을 입력해 주세요.

결론부터 말하기   3회 듣기 ☐ ☐ ☐

I think today's youth care more about the earth/ and being responsible.

예시하기   3회 듣기 ☐ ☐ ☐

They know all about/ stuff like recycling, global warming, and alternative energy.

덧붙이기 1   3회 듣기 ☐ ☐ ☐

The generations before/ didn't seem to care as much about all that,/ but today's young people do.

덧붙이기 2   3회 듣기 ☐ ☐ ☐

I'm excited about/ how today's youth will use technology and new ideas.

마무리하기   3회 듣기 ☐ ☐ ☐

I think they'll help/ make the earth cleaner and better.

요즘 청소년들은 지구와 책임 있는 행동에 대해 더 관심이 많은 것 같아요.

청소년들이 재활용, 지구 온난화, 대체 에너지 같은 것들에 대해 모두 잘 알고 있더라고요.

이전 세대들은 그런 것들에 그리 관심이 많지 않았던 것 같은데, 요즘 청소년들은 관심이 많더라고요.

저는 요즘 청소년들이 기술과 새로운 아이디어들을 어떻게 사용할지 몹시 기대가 돼요.

청소년들이 보다 깨끗하고 더 나은 지구를 만드는 데 도움이 될 것 같아요.

▶ 스피킹 코치의 족집게 조언

The generations before didn't seem to care as much about all that, but today's young people do. I'm excited about how today's youth will use technology and new ideas.

동의어 사용해 반복 피하기 영어는 기본적으로 반복을 싫어하는 언어예요. 따라서 영어로 글을 쓰거나 말을 할 때는 한 번 사용한 단어는 가능한 한 다시 반복해 쓰지 않는 게 좋아요. 이때 반복을 피하기 위해 가장 많이 사용하는 방법이 동의어나 유사어를 사용하는 거예요.

Heaven certainly looks after the man who takes care of his business first.
하늘은 먼저 자신의 일을 돌보는 사람을 돕는다.

여기서 take care of는 look after라는 표현을 반복하지 않기 위해 사용된 동의어예요. 위의 세 번째 문장에서도 앞에서 먼저 사용된 '청소년들'을 가리키는 young people을 반복하지 않기 위해 동의어인 youth를 사용한 거죠. 스피킹이나 라이팅에서 '같은 단어의 반복을 가능한 한 피한다'는 원칙을 늘 마음속에 새기며 사용할 단어를 생각하도록 하세요.

159

REVIEW

한글 해석만 보고도 영어가 바로 나온다면 ★★★,
반 정도 나온다면 ★★, 1/3도 나오지 못한다면 ★ 해보세요
별 세 개가 나오지 못하면 앞으로 돌아가 다시 훈련하시는 것, 잊지 마세요.

01

체크해 보세요 [   ]

QUESTION What do you think of environmental groups like
Greenpeace?

그린피스 같은 환경 단체에 대해 어떻게 생각해요?

환경 단체들을 좋아하기는 하지만, 그들도 법을 준수하기는 해야죠.
전에 뉴스에서 일부 환경 단체들이 물건을 망가뜨리고 재산을 훼손한다고 읽은 적이 있어요.
다른 환경 단체들은 사람들이 어떤 건물에 들어가는 것을 막기도 하고요.
환경 단체들이 자기네가 원하는 것은 뭐든지 하려고 한다면 그건 옳은 게 아니죠.
환경 단체들도 다른 모든 사람들처럼 규칙을 따라야 해요.
그래도, 환경 단체들의 일부 생각은 정말 마음에 들어요.

I like environmental groups, but they should obey the law. I've read in the news
before that some of them wreck things and destroy property. Other groups
block people from entering certain buildings. That's not right if they start doing
whatever they want. Those groups have to follow the rules like everyone else.
Still, I do really like some of their ideas.

02

QUESTION Do you think anyone can be an artist or do you need a special talent?

누구나 화가가 될 수 있다고 생각해요, 아니면 특별한 재능이 필요한가요?

화가가 되려면 특별한 재능이 필요한 것 같아요.
물론 연습을 많이 하면 좋은 기술을 어느 정도는 습득할 수 있죠.
하지만 그것만으로는 충분하지 않아요.
미술적 재능을 어느 정도 갖고 태어나지 않으면 결코 성공하지 못할 거예요.
어린아이일 때 벌써 누가 미술에 재능이 있고 없는지 알 수가 있죠.
대체로 문제의 핵심은 타고난 재능이 있느냐 하는 거죠.

I think you need a special talent to be an artist. Sure, you can practice a lot and get some good skills. That's not enough, though. You've got to be born with some artistic talent, or it'll never work for you. When children are small, it's already possible to see who is good at art and who isn't. It's mostly all about natural gifts.

03

QUESTION Do you think e-books will make paper books disappear?

전자책이 종이책을 사라지게 할 거라고 생각해요?

전자책이 종이책의 숫자를 줄어들게는 하겠지만, 그렇다고 종이책이 사라지지는 않을 거예요.
많은 사람들이 전자책 읽는 게 쉽고 재미있다며 아주 좋아하죠.
심지어 종이책 읽는 걸 아예 그만둔 사람들도 있어요.
그래도, 많은 사람들이 손에 쥔 종이책의 감촉을 좋아하기 때문에 전자책으로 절대 바꾸지 않을 거예요.
사람마다 매우 달라서 결국 각자 개인에 달려 있게 될 겁니다.

E-books will make the number of paper books go down, but they won't disappear. A lot of people love how easy and fun it is to read e-books. Some have even stopped reading paper books. Still, many others like the feeling of a paper book in their hands and will never replace that. It's very different for everyone, so it'll come down to the individual.

04

QUESTION Do you think schools should ban mobile phones?

학교에서 휴대폰 사용을 금지해야 한다고 생각해요?

전 학교에서 몇 가지 규칙을 정하고 휴대폰 사용을 허용해야 한다고 생각해요.
휴대폰이 있다는 것은 아무런 문제가 없지만 학생들이 휴대폰 사용과 관련해서는
현명해져야죠.
수업 중일 때는 휴대폰을 끄고 수업 중에 사람들에게 전화하지 않는 거죠.
이런 몇 가지 간단한 규칙들만 있다면 아무 문제없을 거예요.
결국 핵심은 서로를 존중하는 거지요.

I think schools should allow mobile phones but with some rules. There's nothing
wrong with having a phone, but the students have to be smart about it. You
turn them off in class and you don't call people during a lesson. If they had a few
simple rules like that, there wouldn't be any problems. After all, it's just about
respecting each other.

05

QUESTION What are the pros and cons of social networking,
such as Facebook and Twitter?

페이스북이나 트위터 같은 소셜 네트워킹에 대해 어떤 찬성과 반대 의견이 있나요?

소셜 네트워킹이 사람들과 교류하는 데 도움이 될 수 있지만, 시간도 많이 낭비하게 합니다.
소셜 네트워킹이 사람들과 연락을 유지하고 옛 친구들을 찾을 수 있는 아주 훌륭한 방법이긴
해요.
하지만, 또 사람들이 메시지를 보내는 데 너무 많은 시간을 써서 다른 일에 피해를 주죠.
친구가 하나 있는데 소셜 네트워킹에 하루 4시간씩을 쓴대요.
그건 그리 건전하지 않은 것 같아요.
저는 제가 그렇게 많은 시간을 소셜 네트워킹에 쓰지 않기를 바라요.

Social networking helps connect people, but it can also waste a lot of time. It's
such a great way to stay in touch with people and find old friends. But people
can also spend too much time sending messages and then other things suffer.
I have one friend who says she spends four hours a day on social networking. I
don't think that's very healthy. I hope I never spend that much time on it.

06

QUESTION 100 years from now, what do you think will be the world's greatest problem?

지금부터 100년 후, 세계의 가장 큰 문제는 무엇일 거라고 생각해요?

제가 예측하기로 세계의 가장 큰 문제는 지구 온난화일 거예요.
100년 후에 지구상에 있는 빙하의 대부분이 녹을 거예요.
해수면도 올라가겠죠.
이건 소중한 많은 땅과 동물 종들을 잃게 된다는 말이에요.
저는 많은 오염 물질들이 대기로 가는 것을 줄일 수 있는 방법들을 찾아내기를 바라요.
그렇지 않으면 해결해야 할 엄청난 문제를 안게 될 거예요.

I predict the world's biggest problem will be global warming. In 100 years, most of the glaciers on Earth will melt. The water level in the oceans will rise. This means that we will lose a lot of valuable land and many animal species. I hope that we'll find ways to reduce how much pollution goes into the air. Otherwise, we'll have a huge problem to fix.

07

QUESTION What are your views on genetically-modified (GM) food?

유전자 변형 식품에 관한 당신의 견해는 무엇인가요?

유전자 변형 식품 때문에 불안하긴 한데, 왜 그런지는 확실히 잘 모르겠어요.
식품 가지고 장난치려는 것은 아무튼 좀 위험한 일인 것 같아요.
사람은 자연적인 것을 바꾸려는 시도를 하는 순간 곤경에 처하게 되죠.
그 시도가 과연 좋은 건지 아닌지에 대해서도 명확하게 증명하지 못하는 걸로 알고 있어요.
그러다가 만약 10년 후 유전자 변형 식품이 세상에 끔찍한 영향을 끼친다는 걸 알게 된다면 어떻게 하겠어요?
그때는 너무 늦을 거예요.
얼마나 엄청난 재앙이겠어요!

GM food makes me nervous, but I'm not sure why. I just think it's kind of risky to start playing around with food. As soon as you try to change something that's natural, you get trouble. I know that they can't prove much about if it's good or not. But what about in 10 years if we find out that GM food does terrible things to our world? It'll be too late. What a disaster that'd be!

08

체크해 보세요

QUESTION Do you think it's necessary to experiment on animals to test cosmetics and drugs?

화장품과 의약품을 테스트하기 위해 동물 실험을 할 필요가 있다고 생각해요?

가끔은 동물 실험을 해야 할 것 같아요. 특히 의약품의 경우는요.
지금으로서는 어떤 물질이 사람에게 나쁜지 아닌지 알아낼 더 좋은 방법이 없잖아요.
과학자들이 이 문제에 대해 어떤 해결책도 찾아내지 못했기 때문에 우리로서는 달리 방법이 없는 듯해요.
사람을 대상으로 신제품을 실험할 수는 없잖아요.
만약 뭔가 잘못되면 어떻게 하겠어요?
지금으로서는 달리 선택의 여지가 없어요.

I think sometimes we just have to experiment on animals, especially for drugs. We don't have a better way to find out if certain things are bad for people. The scientists haven't come up with any solutions to this problem, so I'm afraid we're stuck with it. We can't try new products on people. What if something goes wrong? There's no choice right now.

09

체크해 보세요

QUESTION What do you think of the idea of lifelong education?

평생 교육의 개념에 대해 어떻게 생각해요?

저는 평생 교육의 개념이 아주 마음에 들어요.
배움은 사람들의 삶을 보다 풍요롭고 흥미진진하게 해주므로 배움을 절대 중단해서는 안 돼요.
저는 왜 어떤 사람들은 배우는 걸 별로 좋아하지 않는지 이해가 안 가요.
아마 학교 다닐 때 좋은 선생님을 만나지 못했거나 자신이 흥미 있어 하는 것을 공부해 본 적이 없기 때문일 거예요.
제게, 배울 수 있는 것에 한계란 없어요.
결코 배움을 멈추고 싶지 않아요.

I love the idea of lifelong education. You should never stop learning because it just makes your life more rich and interesting. I don't understand why some people don't like learning very much. I guess maybe they had bad teachers in school or they never learned about things that interested them. For me, there's no limit to what we can learn. I never want to stop.

10

QUESTION Do you think your test scores reflect your true ability and intelligence?

시험 성적이 당신의 진짜 능력과 지능을 반영한다고 생각해요?

전 시험 성적이 제 진짜 능력을 반영한다고는 생각하지 않아요.

제 문제는 시험을 보기 전에 너무 긴장한다는 거예요.

선생님이 시험지를 나눠주면 머릿속이 하얘지면서 명쾌하게 생각이 안 나요.

그래서 저는 대체로 시험을 엉망으로 보고 점수도 형편없어요.

학교는 학생들이 공부를 어떻게 잘하고 있는지 알아내기 위해 다른 방법들을 사용해야 해요.

시험은 진짜 최악의 방법이에요.

I don't think my test scores reflect any truth about my abilities. My problem is that I get totally nervous before I take tests. When the teacher gives me the test, my mind goes blank and I can't think straight. So I usually do a terrible job and get a terrible mark. Schools need to use different ways to find out how students are doing. Tests are the worst way possible.

11

QUESTION What aspects of today's youth make you hopeful about the future?

요즘 청소년들의 어떤 면 때문에 당신은 미래에 대해 희망적인가요?

요즘 청소년들은 지구와 책임 있는 행동에 대해 더 관심이 많은 것 같아요.

청소년들이 재활용, 지구 온난화, 대체 에너지 같은 것들에 대해 모두 잘 알고 있더라고요.

이전 세대들은 그런 것들에 그리 관심이 많지 않았던 것 같은데, 요즘 청소년들은 관심이 많더라고요.

저는 요즘 청소년들이 기술과 새로운 아이디어들을 어떻게 사용할지 몹시 기대가 돼요.

청소년들이 보다 깨끗하고 더 나은 지구를 만드는 데 도움이 될 것 같아요

I think today's youth care more about the earth and being responsible. They know all about stuff like recycling, global warming, and alternative energy. The generations before didn't seem to care as much about all that, but today's young people do. I'm excited about how today's youth will use technology and new ideas. I think they'll help make the earth cleaner and better.

PART
4

두괄식으로 가정해서 말하기

가정의 세계에서는 어떤 것이라도 의견 제시가 가능합니다. 중
요한 건, 문장 맨 처음에 답을 확실히 주고 풀어 가는 것이지요.
가정이라고 하지만, 어느 정도 근거 있는 얘기를 해야 한다는
사실은 변하지 않습니다.

UNIT 01

뉴욕에서
하루를 보낼 수 있다면
뭘 할 거예요?

원어민처럼 두괄식으로 말하기 한국어와 영어의 어순 구조 차이를 확인하세요.

결론부터 말하기

Kor **저는** 지하철을 **타고** 온 도시를 돌아다니며 명소를 **볼 거예요.**

Eng 저는 타겠어요 / 지하철을 / 도시 전역에서 / 그리고 보겠어요 / 명소들을.

예시하기 1

Kor 엠파이어 스테이트 빌딩에서 시작하는데, 엘리베이터를 타고 올라갈 **것 같아요.**

Eng 저는 생각해요 / 제가 시작할 거라고 / 엠파이어 스테이트 빌딩에서 / 그리고 엘리베이터를 타고 올라갈 거라고.

예시하기 2

Kor 그러고 나서 박물관을 두어 군데 **갈 거예요.**

Eng 그러고 나서 / 저는 가겠어요 / 두어 군데 박물관으로.

예시하기 3

Kor 그 다음에 센트럴 파크로 **가서** 공원 주변을 조금 **산책할 거예요.**

Eng 그 다음에 / 저는 이동하겠어요 / 센트럴 파크로 / 그리고 그 주변을 산책하겠어요 / 조금.

예시하기 4

Kor 시간이 있다면 자유의 여신상을 가서 보게 페리를 **타겠어요.**

Eng 제가 시간이 있다면 / 제가 탈 수 있겠죠 / 페리를 / 자유의 여신상을 가서 보기 위해.

마무리하기

Kor **그게** 제가 늘 하고 싶었던 일**이에요.**

Eng 그것이 ~예요 / 어떤 것 / 제가 늘 원했던 / 하기를.

What would you do if you could spend one day in New York?

원어민식 어구 배치 훈련 왼쪽 Eng 순서대로 어구를 배열해 보세요.

결론부터 말하기

all over the city / the famous sites / I'd take / and see / the subway.

subway 지하철 all over the city 도시 전역에서 site 장소

예시하기 1

at the Empire State Building / I'd start / I think / and go up the elevator.

start at ~에서 시작[착수]하다 go up the elevator 엘리베이터를 타고 올라가다

예시하기 2

I'd go / then / to a couple of museums.

a couple of 두어 개의

예시하기 3

and walk around / after that, / to Central Park / I'd travel / a little bit.

travel 이동하다 walk around 주변을 산책하다 a little bit 약간, 조금

예시하기 4

a ferry / if I had time, / to go see the Statue of Liberty / I might take.

take a ferry 페리에 탑승하다 go see 가서 ~을 보다

마무리하기

I've always wanted / that's / to do / something.

두뇌 입력 훈련 세 가지 속도의 음원을 3회 이상 듣고 두뇌 속에 문장을 입력해 주세요.

결론부터 말하기　　　　　　　　　　　　3회 듣기 ☐ ☐ ☐

I'd take the subway all over the city/ and see the famous sites.

예시하기 1　　　　　　　　　　　　3회 듣기 ☐ ☐ ☐

I think I'd start at the Empire State Building/ and go up the elevator.

예시하기 2　　　　　　　　　　　　3회 듣기 ☐ ☐ ☐

Then/ I'd go to a couple of museums.

예시하기 3　　　　　　　　　　　　3회 듣기 ☐ ☐ ☐

After that,/ I'd travel to Central Park/ and walk around a little bit.

예시하기 4　　　　　　　　　　　　3회 듣기 ☐ ☐ ☐

If I had time,/ I might take a ferry/ to go see the Statue of Liberty.

마무리하기　　　　　　　　　　　　3회 듣기 ☐ ☐ ☐

That's something/ I've always wanted to do.

MP3 33-02

동시통번역 훈련 우리말을 영어로 말하고 쓰고 들으세요.

저는 지하철을 타고 온 도시를 돌아다니며 명소에 가 볼 거예요.

엠파이어 스테이트 빌딩에서 시작하는데, 엘리베이터를 타고 올라갈 거예요.

그러고 나서 박물관을 두어 군데 갈 거예요.

그 다음에 센트럴 파크로 가서 공원 주변을 조금 산책할 거예요.

시간이 있다면 페리를 타고 자유의 여신상을 보러 갈 거예요.

그게 제가 늘 하고 싶었던 일이에요.

▶ 스피킹 코치의 족집게 조언

I think I'd start at the Empire State Building and go up the elevator.

elevator·escalator 결합 표현 엘리베이터나 에스컬레이터는 우리 생활의 일부죠. 따라서 이와 관련된 결합 표현들을 평소에 잘 익혀 두면 여러 가지로 유익합니다.

take the elevator down to the first floor 엘리베이터를 타고 1층까지 내려가다
go up[down] the elevator 엘리베이터로 올라가다[내려가다]
get on the elevator 엘리베이터에 타다 ↔ get off the elevator 엘리베이터에서 내리다
step on the escalator 에스컬레이터에 발을 올려놓다
a down elevator[escalator] 내려가는 엘리베이터[에스컬레이터]
an up elevator[escalator] 올라가는 엘리베이터[에스컬레이터]
an express elevator 고속 엘리베이터
a passenger[freight, service] elevator 승객용[화물용, 업무용] 엘리베이터

UNIT 02

100만 달러가 있으면 그걸로 뭘 하겠어요?

원어민처럼 두괄식으로 말하기 한국어와 영어의 어순 구조 차이를 확인하세요.

결론부터 말하기

Kor 그 돈 일부를 남을 돕는 데 **쓰고서**, 멋진 집도 **사겠어요.**

Eng 전 사용하겠어요 / 그것의 일부를 / 다른 사람들을 돕기 위해서 / 그리고 사겠어요 / 멋진 집을 / 역시.

부연 설명하기 1

Kor 아마 제가 진짜 좋아하던 자선단체를 몇 개 **선별해서** 돈을 **나누어 주겠죠.**

Eng 저는 아마 **고르겠지요** / 몇 군데 자선단체를 / 제가 정말로 좋아했던 (자선단체를) / 그런 다음 나누겠지요 / 그 돈을 / 그들 사이에서.

부연 설명하기 2

Kor 그리고 나서 온 동네를 돌아다니면서 구입할 멋진 집을 **찾아볼 거예요.**

Eng 그리고 나서 / 저는 다 **찾아보겠지요** / 동네를 / 멋진 집을 위해서 / 구입할 만한.

예시하기

Kor 뜰에 수영장이 있고 방이 많으면 **좋겠어요.**

Eng 저는 원해요 / 수영장을 / 마당에 / 그리고 많은 방을.

덧붙이기

Kor 또 집의 위치도 아주 좋아야겠지요.

Eng 그 집은 가지고 있어야겠지요 / 멋진 위치를 / 역시.

마무리하기

Kor 멋진 집이 있으면 아주 **즐겁겠죠!**

Eng 아주 즐겁겠어요 / 갖는 건 / 멋진 집을!

If you had one million dollars, what would you do with it?

원어민식 어구 배치 훈련 왼쪽 Eng 순서대로 어구를 배열해 보세요.

and buy / I'd use / to help others / a nice house / some of it / too.

I would (=I'd) ~하겠어요   others 다른 사람들

a few charities / I'd probably choose / the money / and divide / that I really liked / among them.

probably 아마   charity 자선단체   divide 나누다

town / then / for a nice house / I'd look all over / to buy.

look all over ~을 다 찾아보다

in the yard / a swimming pool / I'd want / and lots of rooms.

swimming pool 수영장   yard 뜰

a great location / the house would have to have / too.

location 위치

to have / that'd be so fun / an awesome house!

that'd be so fun to+동사원형 ~는 아주 재미있을 거예요   awesome 멋진

| 결론부터 말하기 | 3회 듣기 ☐ ☐ ☐ |

I'd use some of it to help others/ and buy a nice house too.

| 부연 설명하기 1 | 3회 듣기 ☐ ☐ ☐ |

I'd probably choose a few charities/ that I really liked/ and divide the money among them.

| 부연 설명하기 2 | 3회 듣기 ☐ ☐ ☐ |

Then I'd look all over town/ for a nice house to buy.

| 예시하기 | 3회 듣기 ☐ ☐ ☐ |

I'd want a swimming pool in the yard/ and lots of rooms.

| 덧붙이기 | 3회 듣기 ☐ ☐ ☐ |

The house would have to have a great location/ too.

| 마무리하기 | 3회 듣기 ☐ ☐ ☐ |

That'd be so fun/ to have an awesome house!

그 돈 일부를 남을 돕는 데 쓰고서, 멋진 집도 사겠어요.

아마 제가 진짜 좋아하던 자선단체를 몇 개 선별해서 돈을 나누어 주겠죠.

그러고 나서 온 동네를 돌아다니면서 구입할 멋진 집을 찾아볼 거예요.

뜰에 수영장이 있고 방이 많으면 좋겠어요.

또 집의 위치도 아주 좋아야겠지요.

멋진 집이 있으면 아주 즐겁겠죠!

▶ 스피킹 코치의 족집게 조언

I'd probably choose a few charities that I really liked and divide the money among them.

a few를 강조할 때 a few는 '몇몇', '조금'이란 뜻이에요. 한편 a few를 사용하여 '상당수의', '꽤 많은'의 뜻을 나타낼 수도 있어요. 바로 quite a few, a good few, not a few처럼 말이죠. 그래서 '꽤 많은 회원들이 참석했어요.'라는 우리말 문장을 위의 세 가지 표현들을 이용해 각각 영어로 말하면 다음과 같아요.

Quite a few members were present.
= A good few members were present.
= Not a few members were present.

UNIT 03 | 석유가 고갈되면 어떻게 될까요?

원어민처럼 두괄식으로 말하기 한국어와 영어의 어순 구조 차이를 확인하세요.

결론부터 말하기

Kor 다른 형태의 에너지들을 찾아**야만 하겠지요.**

Eng 우리는 하는 수밖에 없을 거예요 / 찾는 (수밖에) / 다른 종류의 에너지를.

부연 설명하기

Kor 고갈되지 않는 에너지를 만들 방법을 찾기 위해 **사람들이** 정말 열심히 **노력할 거예요.**

Eng 사람들은 일할 거예요 / 아주 열심히 / 방법들을 찾느라 / 에너지를 만들 (방법들을) / 고갈되지 않는 (에너지를).

예시하기 1

Kor 이를테면 대부분의 것들을 태양 및 풍력 에너지로 **작동시키게 될 겁니다.**

Eng 가령 / 우리들은 작동시킬 거예요 / 대부분의 것들을 / 태양열과 풍력 에너지로.

예시하기 2

Kor 혹은 안전한 핵에너지를 만드는 방법을 **찾아낼 수도 있죠.**

Eng 아니면 / 사람들은 찾아내겠죠 / 방법을 / 만드는 (방법을) / 핵에너지를 안전하게 (만드는).

덧붙이기

Kor 잘은 **모르지만** 사람들이 **틀림없이** 대단한 창의력을 발휘**할 것 같아요.**

Eng 전 잘 몰라요 / 하지만 / 틀림없이 / 사람들은 될 거예요 / 대단히 창의적인 상태로.

마무리하기

Kor 세상을 돌아가게 하는 놀랍고 새로운 방법들을 **발명해 낼 거예요.**

Eng 그들은 발명할 거예요 / 놀랍고 새로운 방법들을 / 세상을 돌아가게 할 (방법들을).

What will happen when the oil runs out?

결론부터 말하기

to find / we'll be forced / other kinds of energy.

be forced to+동사원형 어쩔 수 없이 ~하게 되다

부연 설명하기

at finding ways / to make energy / really hard / people will work / that doesn't run out.

work at 동사-ing ~하느라 일하다   run out (물자 따위가) 떨어지다

예시하기 1

most things / we'll run / like maybe / on solar and wind energy.

like maybe 가령, ~하는 것 같은 것   solar 태양의

예시하기 2

to make / or maybe / a way / they'll find / nuclear energy safe.

nuclear energy 핵에너지   safe 안전한

덧붙이기

but / people will be / I don't really know, / I bet / really creative.

I bet 틀림없이 ~이다   creative 창의력을 발휘하는

마무리하기

amazing new ways / they'll invent / to make the world run.

amazing 놀라운   run 작동하다

결론부터 말하기   3회 듣기 ☐ ☐ ☐

We'll be forced to find other kinds of energy.

부연 설명하기   3회 듣기 ☐ ☐ ☐

People will work really hard/ at finding ways to make energy/ that doesn't run out.

예시하기 1   3회 듣기 ☐ ☐ ☐

Like maybe/ we'll run most things/ on solar and wind energy.

예시하기 2   3회 듣기 ☐ ☐ ☐

Or maybe/ they'll find a way/ to make nuclear energy safe.

덧붙이기   3회 듣기 ☐ ☐ ☐

I don't really know,/ but I bet people will be really creative.

마무리하기   3회 듣기 ☐ ☐ ☐

They'll invent amazing new ways/ to make the world run.

다른 형태의 에너지들을 찾아야만 하겠지요.

고갈되지 않는 에너지를 만들 방법을 찾기 위해 사람들이 정말 열심히 노력할 거예요.

이를테면 대부분의 것들을 태양 및 풍력 에너지로 작동시키게 될 겁니다.

혹은 안전한 핵에너지를 만드는 방법을 찾아낼 수도 있죠.

잘은 모르지만 사람들이 틀림없이 대단한 창의력을 발휘할 것 같아요.

세상을 돌아가게 하는 놀랍고 새로운 방법들을 발명해 낼 거예요.

▶ 스피킹 코치의 족집게 조언

I don't really know, but I bet people will be really creative.

동사 bet의 두 가지 의미 동사 bet는 보통 두 가지 의미로 쓰여요. 첫 번째는 He bet all his money on a horse that came last.(그는 가장 나중에 들어온 말에 돈을 모두 걸었어요.)의 예처럼 '돈을 걸다', '내기를 하다'라는 의미예요. 그리고 두 번째는 '장담하다', '확신하다'라는 뜻으로, 흔히 I bet ... 또는 I'll bet ...의 형태로 사용하죠. 이 두 표현은 '확실히 …예요' 또는 '틀림없이 …예요'라는 의미를 나타내고자 할 때 사용하면 딱이에요. 참고로, bet는 현재, 과거, 과거분사의 형태가 모두 같은 동사라는 것도 기억해 두세요.

I bet she won't come. 확실히 그녀는 오지 않을 거예요.
I'll bet we win. 틀림없이 우리가 이길 거예요.

살날이 6개월밖에 남지 않았다는
걸 안다면 어떻게 시간을
보내고 싶으세요?

원어민처럼 두괄식으로 말하기 한국어와 영어의 어순 구조 차이를 확인하세요.

결론부터 말하기

Kor 가능한 한 세계의 많은 곳들을 **여행하고 싶어요.**

Eng 저는 여행하겠어요 / 많은 곳으로 / 세계의 / 내가 할 수 있는 한.

덧붙이기

Kor 물론 충분한 돈이 **있어야겠지만요.**

Eng 저는 가져야 하겠지요 / 충분한 돈을 / 물론.

부연 설명하기

Kor 만약 그렇다면 **저는** 멋진 것들을 많이 보고 **싶어요.**

Eng 만약 제가 그렇다면 / 저는 원해요 / 보는 것을 / 많은 놀라운 것들을.

예시하기 1

Kor 아마 사자랑 코끼리 같은 야생 동물들을 많이 보러 아프리카에 **갈 거예요.**

Eng 아마 / 전 갈 거예요 / 아프리카로 / 수많은 야생 동물을 보기 위해 / 사자나 코끼리 같은.

예시하기 2

Kor 혹은 기차를 타고 유럽 곳곳을 다녀 **보고 싶어요.**

Eng 아님 어쩌면 / 전 원해요 / 기차를 타는 것을 / 유럽 전역으로.

마무리하기

Kor 제게 남아 있는 시간 동안 그냥 가능한 한 많은 것을 보고 싶을 **것 같아요.**

Eng 전 생각해요 / 제가 그냥 원할 거라고 / 보는 것을 / 가능한 한 많이 / 시간 안에 / 제가 남긴.

If you learned you only had six months to live, how would you spend your time?

원어민식 어구 배치 훈련 왼쪽 Eng 순서대로 어구를 배열해 보세요.

결론부터 말하기

I'd travel / in the world / to as many places / as I could.

place 장소, 곳

덧붙이기

enough money, / I'd have to have / of course.

of course 물론

부연 설명하기

to see / I'd want / lots of amazing things / If I did,.

amazing 경탄할 만한, 멋진

예시하기 1

to Africa / maybe / to see tons of wild animals / I'd go / like lions and elephants.

wild animals 야생 동물

예시하기 2

to take the train / I'd want / or maybe / all over Europe.

take the train 철도를 이용하다   all over ~ ～ 곳곳에

마무리하기

as much as I could / I think / to see / in the time / I'd just want / I had left.

as much as I could 가능한 한 많이

181

MP3 36-01

두뇌 입력 훈련 세 가지 속도의 음원을 3회 이상 듣고 두뇌 속에 문장을 입력해 주세요.

결론부터 말하기   3회 듣기 ☐ ☐ ☐

I'd travel to as many places in the world/ as I could.

덧붙이기   3회 듣기 ☐ ☐ ☐

I'd have to have enough money,/ of course.

부연 설명하기   3회 듣기 ☐ ☐ ☐

If I did,/ I'd want to see lots of amazing things.

예시하기 1   3회 듣기 ☐ ☐ ☐

Maybe I'd go to Africa/ to see tons of wild animals/
like lions and elephants.

예시하기 2   3회 듣기 ☐ ☐ ☐

Or maybe/ I'd want to take the train all over Europe.

마무리하기   3회 듣기 ☐ ☐ ☐

I think I'd just want to see as much as I could/ in the
time I had left.

가능한 한 세계의 많은 곳들을 여행하고 싶어요.

물론 충분한 돈이 있어야겠지만요.

만약 그렇다면 저는 멋진 것들을 많이 보고 싶어요.

아마 아프리카로 가서 사자나 코끼리 같은 야생 동물들을 많이 볼 거예요.

혹은 기차를 타고 유럽 곳곳을 다녀 보고 싶어요.

제게 남아 있는 시간 동안 그냥 가능한 한 많은 것을 보고 싶을 것 같아요.

▶ 스피킹 코치의 족집게 조언

I'd have to have enough money, of course.

enough의 위치 enough는 명사와 함께 쓰일 때와 형용사나 부사와 함께 쓰일 때 그 위치가
달라져요. 그러니까 명사와 함께 사용할 때는 'enough+명사 (+to부정사)'의 순서로, 그리고
형용사나 부사와 함께 쓸 때는 '형용사·부사+enough (+to부정사)'의 순서로 말하죠.

Do you think we've got enough pizza to go round?
피자가 우리 모두에게 돌아갈 정도로 충분히 있는 것 같아요?

Would you be good enough to hold the door open?
혹시 괜찮으시다면 문을 연 채로 잡고 있어 줄래요?

Luckily enough, it all turned out well.
아주 다행스럽게도 모든 것이 잘 되었어요.

빌 게이츠나 스티브 잡스에게
소프트웨어에 대해 어떤
질문을 하고 싶어요?

원어민처럼 두괄식으로 말하기 한국어와 영어의 어순 구조 차이를 확인하세요.

결론부터 말하기

Kor 어떻게 그런 엄청난 아이디어들을 생각해 내게 됐는지 그들에게
물어보겠어요.

Eng 저는 묻겠어요 / 그들에게 / 어떻게 그들이 생각해 내게 되었는지 / 그들의 엄청난 아이디어
들을.

부연 설명하기 1

Kor 둘 다 놀라운 사람들이죠.

Eng 두 분 다 아주 놀라워요.

부연 설명하기 2

Kor 완전히 천재들**이에요!**

Eng 그들은 ~예요 / 완전한 천재들!

예시하기 1

Kor 아마 빌 게이츠에게는 어떻게 첫 번째 컴퓨터 프로그램을 쓸 생각을 하게
됐는지 **물을 것 같아요.**

Eng 저는 아마 물어볼 것 같아요 / 빌 게이츠에게 / 어떻게 그가 생각을 해냈는지 / 그런 아이디
어를 / 그의 첫 번째 컴퓨터 프로그램을 쓰는 것에 대한 (생각을).

예시하기 2

Kor 스티브 잡스에게는 그가 발명한 애플의 '앱스토어'에 대해 **묻고 싶어요.**

Eng 저는 묻고 싶어요 / 스티브 잡스에게 / 앱스토어에 대해 / 그가 발명한 / 애플사를 위해.

덧붙이기

Kor **두 사람** 모두 발명가이자 사업가**죠.**

Eng 그들은 ~예요 / 발명가이자 사업가.

마무리하기

Kor 그들과 얘기를 나누고 또 많은 질문들을 할 수 있다면 정말 **멋진 일일 거예요.**

Eng 정말 멋질 거예요 / 얘기를 나눌 수 있다면 / 그들과 / 그리고 물어볼 수 있다면 /
많은 질문들을.

What questions would you like to ask Bill Gates or Steve Jobs about software?

원어민식 어구 배치 훈련 왼쪽 Eng 순서대로 어구를 배열해 보세요.

결론부터 말하기

I'd ask / how they came up with / them / their incredible ideas.

come up with (어떤 생각을) 꺼내다, 제안하다   incredible 믿을 수 없는, 놀라운

부연 설명하기 1

both men are / so amazing.

amazing 놀라운

부연 설명하기 2

they are / total geniuses!

genius 천재

예시하기 1

the idea / I'd probably ask / how he came up with / Bill Gates / for writing his first computer program.

예시하기 2

Steve Jobs / I'd like to ask / he invented / about the "App Store" / for Apple.

invent 발명하다

덧붙이기

they're / both inventors and businessmen.

both A and B A와 B 둘 다   businessman 사업가

마무리하기

to them / it would be so cool / and ask / to be able to talk / a bunch of questions.

a bunch of 많은 ~

MP3 37-01

두뇌 입력 훈련 세 가지 속도의 음원을 3회 이상 듣고 두뇌 속에 문장을 입력해 주세요.

결론부터 말하기　　　　　　　　3회 듣기 ☐ ☐ ☐

I'd ask them/ how they came up with their incredible ideas.

부연 설명하기 1　　　　　　　　3회 듣기 ☐ ☐ ☐

Both men are so amazing.

부연 설명하기 2　　　　　　　　3회 듣기 ☐ ☐ ☐

They are total geniuses!

예시하기 1　　　　　　　　3회 듣기 ☐ ☐ ☐

I'd probably ask Bill Gates/ how he came up with the idea/ for writing his first computer program.

예시하기 2　　　　　　　　3회 듣기 ☐ ☐ ☐

I'd like to ask Steve Jobs/ about the "App Store" he invented for Apple.

덧붙이기　　　　　　　　3회 듣기 ☐ ☐ ☐

They're both inventors and businessmen.

마무리하기　　　　　　　　3회 듣기 ☐ ☐ ☐

It would be so cool to be able to talk to them/ and ask a bunch of questions.

어떻게 그런 엄청난 아이디어들을 생각해 내게 됐는지 그들에게 물어보겠어요.

둘 다 놀라운 사람들이죠.

완전히 천재들이에요!

아마 빌 게이츠에게는 어떻게 첫 번째 컴퓨터 프로그램을 쓸 생각을 하게 됐는지 물을 것 같아요.

스티브 잡스에게는 그가 발명한 애플의 '앱스토어'에 대해 묻고 싶어요.

두 사람 모두 발명가이자 사업가죠.

그들과 얘기를 나누고 또 많은 질문들을 할 수 있다면 정말 멋진 일일 거예요.

▶ 스피킹 코치의 족집게 조언

I'd ask them how they came up with their incredible ideas.

come up with ~ '왜 저는 이런 멋진 아이디어를 생각해 내지 못했을까요?'를 영어로 말하는 것을 들으면 대충 그 사람의 '스피킹 내공'을 짐작할 수 있어요. 만약 Why did I not think of this great idea? 또는 Why did I not find this great idea?라고 말한다면 아직 유창한 영어 수준에는 도달하지 못한 거예요. 이때 유창한 영어를 하려면 Why did I not come up with this brilliant idea?라고 말해야 해요. 그러니까 great 대신 brilliant, 그리고 think of 나 find 대신 come up with라는 표현을 구사할 줄 알아야 해요. 여러분의 스피킹 내공을 은근히 과시할 수 있는 표현들이랍니다.

지금 당장
시를 쓴다면,
주제는 무엇일 것 같아요?

원어민처럼 두괄식으로 말하기 한국어와 영어의 어순 구조 차이를 확인하세요.

결론부터 말하기

Kor **저는** 자연에서 본 아름다운 것들에 대한 시를 **쓰겠어요.**

Eng 저는 쓰겠어요 / 시를 하나 / 아름다운 것들에 대해서 / 제가 본 (아름다운 것들) / 자연에서.

예시하기 1

Kor **제가 자연에서 가장 좋아하는 게** 나무와 산**이어서** 아마 **그것들이** 시에 **담길 거예요.**

Eng 제가 가장 좋아하는 자연적인 것은 ~이에요 / 나무와 산 / 그래서 / 그것들이 아마도 있을 거예요 / 그 시 안에.

예시하기 2

Kor 또 물과 하늘에 대한 말도 **포함시키고 싶어요.**

Eng 저는 또한 포함시키겠어요 / 말들을 / 물과 하늘에 관하여.

이유 밝히기 1

Kor 제가 즐겨 읽는 **유일한 시들이** 자연에 관한 **시들이에요.**

Eng 유일한 시들은 / 제가 읽기 좋아하는 (유일한 시들) / ~예요 / 그런 것들 / 자연에 관한.

이유 밝히기 2

Kor 아마 그래서 **제가** 그런 종류의 시들을 쓰고 **싶어 하는 걸 거예요.**

Eng 아마 / 그래서 / 제가 또 원하기만 하는 걸 거예요 / 쓰는 것을 / 그런 종류들을.

마무리하기

Kor 자연에는 묘사하고 싶은 **멋진 것들이 너무 많아요.**

Eng 너무나 많은 멋진 것들이 있어요 / 묘사할 만할 (것들) / 자연에는.

If you were to write a poem right now, what would your subject be?

원어민식 어구 배치 훈련 왼쪽 Eng 순서대로 어구를 배열해 보세요.

결론부터 말하기

about beautiful things / I'd write / I've seen / a poem / in nature.

nature 자연

예시하기 1

trees and mountains, / in the poem / my favorite natural things are / those would probably be / so.

favorite 가장 좋아하는

예시하기 2

words / I'd also include / about water and the sky.

include 포함시키다

이유 밝히기 1

ones / I like to read / the only poems / about nature / are.

이유 밝히기 2

to write / maybe / I'd also only want / that's why / those kinds.

마무리하기

to describe / there are so many awesome things / in nature.

describe 묘사하다

두뇌 입력 훈련 세 가지 속도의 음원을 3회 이상 듣고 두뇌 속에 문장을 입력해 주세요.

결론부터 말하기   3회 듣기 ☐ ☐ ☐

I'd write a poem/ about beautiful things I've seen in nature.

예시하기 1   3회 듣기 ☐ ☐ ☐

My favorite natural things are trees and mountains,/ so those would probably be in the poem.

예시하기 2   3회 듣기 ☐ ☐ ☐

I'd also include words/ about water and the sky.

이유 밝히기 1   3회 듣기 ☐ ☐ ☐

The only poems I like to read/ are ones about nature.

이유 밝히기 2   3회 듣기 ☐ ☐ ☐

Maybe that's why/ I'd also only want to write those kinds.

마무리하기   3회 듣기 ☐ ☐ ☐

There are so many awesome things/ to describe in nature.

MP3 38-02

동시통번역 훈련 우리말을 영어로 말하고 쓰고 들으세요.

저는 자연에서 본 아름다운 것들에 대한 시를 쓰겠어요.

제가 자연에서 가장 좋아하는 게 나무와 산이어서 아마 그것들이 시에 담길 거예요.

또 물과 하늘에 대한 말도 포함시키고 싶어요.

제가 즐겨 읽는 유일한 시들이 자연에 관한 시들이에요.

아마 그래서 제가 그런 종류의 시들을 쓰고 싶어 하는 걸 거예요.

자연에는 묘사하고 싶은 멋진 것들이 너무 많아요.

▶ 스피킹 코치의 족집게 조언

There are so many awesome things to describe in nature.

명사+-some = 형용사 어떤 명사의 끝에 -some을 붙이면 형용사가 되기도 하죠. 그리고 이 때 -some의 의미는 '～을 가져오는' 또는 '～하기 쉬운'이란 뜻이에요. 예를 들어 '경탄할 만한', '멋진'이라는 뜻의 awesome은 '경탄' 또는 '경외'를 뜻하는 awe라는 명사에 -some이 붙어서 만들어진 형용사예요. 그밖에도 -some을 붙여서 만든 형용사들의 예를 알아볼까요?

a worrisome problem 걱정스러운 문제
a fearsome weapon 무시무시한 무기
a quarrelsome woman 걸핏하면 싸우려 드는 여자

191

당신이 권력을 갖게 된다면
교육 내에서 어떤 변화를
이루고 싶어요?

원어민처럼 두괄식으로 말하기 한국어와 영어의 어순 구조 차이를 확인하세요.

결론부터 말하기

Kor 만약 제게 권력이 주어진다면 보다 실제적인 학습이 이루어져 나갈 수 **있게 하겠어요.**

Eng 제게 주어진다면 / 권력이 / 저는 ~하게 하겠어요 / 보다 실제적인 학습이 계속 이어지게.

예시하기 1

Kor **학생들은** 절대적으로 교실 밖으로 너 많이 **나가야 해요.**

Eng 학생들은 전적으로 나가는 게 필요해요 / 교실 밖으로 / 더 많이.

예시하기 2

Kor (자신이 사는) 지역의 여러 곳들을 **살펴봐야 해요.**

Eng 그들은 살펴봐야 해요 / 장소들을 / 공동체 지역 내의.

제안하기

Kor 이를테면, 과학 시간에 왜 바깥에 나가 자연에 대해 **배울 수 없는 거죠?**

Eng 이를 테면 / 과학 수업에서 / 왜 그들은 배울 수 없나요 / 자연에 대해서 / 바깥에서?

덧붙이기

Kor **학교에서** 교과서 공부와 암기를 너무 많이 **하는데, 저는** 그게 도대체 얼마나 도움이 되는지 전혀 **모르겠어요.**

Eng 학교는 해요 / 너무 많은 교과서 공부와 암기를 / 그리고 저는 이해가 안 가요 / 어떻게 그게 도움이 되는지 / 조금도.

마무리하기

Kor **학생들은** 신나는 체험들을 많이 **해야 해요.**

Eng 학생들은 필요로 해요 / 많은 신나는 경험을.

If you had the power, what changes would you carry out within education?

결론부터 말하기

I would have / If I were given / more "hands-on" learning going on / the power,.

> have A 동사원형/-ing A가 ~하게 하다   hands-on 실제로 참가하는

예시하기 1

out of the classroom / students totally need to get / more.

> totally 전적으로   get out of ~에서 벗어나다

예시하기 2

they need to check out / in the community / places.

> community 지역사회, 공동체

제안하기

about nature / like / why can't they learn / in science class, / outside?

> like 이를 테면, 가령   outside 밖에서

덧붙이기

and I don't see / so much textbook work and memorizing, / how that helps / schools do / at all.

> textbook work 교과서 공부   memorize 외우다

마무리하기

students need / lots of cool experiences.

> cool 멋진, 근사한

두뇌 입력 훈련 세 가지 속도의 음원을 3회 이상 듣고 두뇌 속에 문장을 입력해 주세요.

결론부터 말하기	3회 듣기 ☐ ☐ ☐

If I were given the power,/ I would have more "hands-on" learning going on.

예시하기 1	3회 듣기 ☐ ☐ ☐

Students totally need to/ get out of the classroom more.

예시하기 2	3회 듣기 ☐ ☐ ☐

They need to check out places/ in the community.

제안하기	3회 듣기 ☐ ☐ ☐

Like in science class,/ why can't they learn about nature/ outside?

덧붙이기	3회 듣기 ☐ ☐ ☐

Schools do so much textbook work and memorizing,/ and I don't see how that helps at all.

마무리하기	3회 듣기 ☐ ☐ ☐

Students need lots of cool experiences.

만약 제게 권력이 주어진다면 보다 실제적인 학습이 이루어져 나갈 수 있게 하겠어요.

학생들은 절대적으로 교실 밖으로 더 많이 나가야 해요.

(자신이 사는) 지역의 여러 곳들을 살펴봐야 해요.

이를테면 과학 시간에, 왜 바깥에 나가 자연에 대해 배울 수 없는 거죠?

학교에서 교과서 공부와 암기를 너무 많이 하는데, 저는 그게 도대체 얼마나 도움이 되는지 전혀 모르겠어요.

학생들은 신나는 체험들을 많이 해야 해요.

▶ 스피킹 코치의 족집게 조언

I would have more "hands-on" learning going on.

sandwich course는 요리 강좌가 아니에요! hands-on은 '말이나 이론이 아닌 행동이나 실습을 통해 얻는 것'을 표현할 때 사용하는 형용사예요. 예를 들어, '이론 강의가 아니라 직접 컴퓨터를 사용해 보면서 하는 컴퓨터 훈련'을 가리킬 때 hands-on computer training이라고 말하죠. 그리고 책을 통해서가 아니라 '직접 해보면서 얻은 경험'이라고 할 때도 hands-on experience라고 말하면 되고요. 이와 관련해 알아두면 유용한 표현이 하나 더 있는데, 바로 sandwich course예요. 여기서 sandwich course는 샌드위치를 만드는 요리 강좌가 아니라 '이론과 실습을 병행하는 강좌'를 가리킵니다.

REVIEW

PART 4

한글 해석만 보고도 영어가 바로 나온다면 ★★★,
반 정도 나온다면 ★★, 1/3도 나오지 못한다면 ★ 해보세요.
별 세 개가 나오지 못하면 앞으로 돌아가 다시 훈련하시는 것, 잊지 마세요.

01
체크해 보세요 [   ]

QUESTION What would you do if you could spend one day in
New York?

뉴욕에서 하루를 보낼 수 있다면 뭘 할 거예요?

저는 지하철을 타고 온 도시를 돌아다니며 명소에 가 볼 거예요.
엠파이어 스테이트 빌딩에서 시작하는데, 엘리베이터를 타고 올라갈 거예요.
그러고 나서 박물관을 두어 군데 갈 거예요.
그 다음에 센트럴 파크로 가서 공원 주변을 조금 산책할 거예요.
시간이 있다면 페리를 타고 자유의 여신상을 보러 갈 거예요.
그게 제가 늘 하고 싶었던 일이에요.

I'd take the subway all over the city and see the famous sites. I think I'd start
at the Empire State Building and go up the elevator. Then I'd go to a couple of
museums. After that, I'd travel to Central Park and walk around a little bit. If I had
time, I might take a ferry to go see the Statue of Liberty. That's something I've
always wanted to do.

02

체크해 보세요

QUESTION If you had one million dollars, what would you do with it?

100만 달러가 있다면 그걸로 뭘 하겠어요?

그 돈 일부를 남을 돕는 데 쓰고서, 멋진 집도 사겠어요.
아마 제가 진짜 좋아하던 자선단체를 몇 개 선별해서 돈을 나누어 주겠죠.
그러고 나서 온 동네를 돌아다니면서 구입할 멋진 집을 찾아볼 거예요.
뜰에 수영장이 있고 방이 많으면 좋겠어요.
또 집의 위치도 아주 좋아야겠지요.
멋진 집이 있으면 아주 즐겁겠죠!

I'd use some of it to help others and buy a nice house too. I'd probably choose a few charities that I really liked and divide the money among them. Then I'd look all over town for a nice house to buy. I'd want a swimming pool in the yard and lots of rooms. The house would have to have a great location too. That'd be so fun to have an awesome house!

03

체크해 보세요

QUESTION What will happen when the oil runs out?

석유가 고갈되면 어떻게 될까요?

다른 형태의 에너지들을 찾아야만 하겠지요.
고갈되지 않는 에너지를 만들 방법을 찾기 위해 사람들이 정말 열심히 노력할 거예요.
이를테면 대부분의 것들을 태양 및 풍력 에너지로 작동시키게 될 겁니다.
혹은 안전한 핵에너지를 만드는 방법을 찾아낼 수도 있죠.
잘은 모르지만 사람들이 틀림없이 대단한 창의력을 발휘할 것 같아요.
세상을 돌아가게 하는 놀랍고 새로운 방법들을 발명해 낼 거예요.

We'll be forced to find other kinds of energy. People will work really hard at finding ways to make energy that doesn't run out. Like maybe we'll run most things on solar and wind energy. Or maybe they'll find a way to make nuclear energy safe. I don't really know, but I bet people will be really creative. They'll invent amazing new ways to make the world run.

04

QUESTION If you learned you only had six months to live, how would you spend your time?

살날이 6개월밖에 남지 않았다는 걸 안다면 어떻게 시간을 보내고 싶으세요?

가능한 한 세계의 많은 곳들을 여행하고 싶어요.
물론 충분한 돈이 있어야겠지만요.
만약 그렇다면 저는 멋진 것들을 많이 보고 싶어요.
아마 아프리카로 가서 사자나 코끼리 같은 야생 동물들을 많이 볼 거예요.
혹은 기차를 타고 유럽 곳곳을 다녀 보고 싶어요.
제게 남아 있는 시간 동안 그냥 가능한 한 많은 것을 보고 싶을 것 같아요.

I'd travel to as many places in the world as I could. I'd have to have enough money, of course. If I did, I'd want to see lots of amazing things. Maybe I'd go to Africa to see tons of wild animals like lions and elephants. Or maybe I'd want to take the train all over Europe. I think I'd just want to see as much as I could in the time I had left.

05

체크해 보세요

QUESTION What questions would you like to ask Bill Gates or Steve Jobs about software?

빌 게이츠나 스티브 잡스에게 소프트웨어에 대해 어떤 질문을 하고 싶어요?

어떻게 그런 엄청난 아이디어들을 생각해 내게 됐는지 그들에게 물어보겠어요.
둘 다 놀라운 사람들이죠.
완전히 천재들이에요!
아마 빌 게이츠에게는 어떻게 첫 번째 컴퓨터 프로그램을 쓸 생각을 하게 됐는지 물을 것 같아요.
스티브 잡스에게는 그가 발명한 애플의 '앱스토어'에 대해 묻고 싶어요.
두 사람 모두 발명가이자 사업가죠.
그들과 얘기를 나누고 또 많은 질문들을 할 수 있다면 정말 멋진 일일 거예요.

I'd ask them how they came up with their incredible ideas. Both men are so amazing. They are total geniuses! I'd probably ask Bill Gates how he came up with the idea for writing his first computer program. I'd like to ask Steve Jobs about the "App Store" he invented for Apple. They're both inventors and businessmen. It would be so cool to be able to talk to them and ask a bunch of questions.

06

QUESTION If you were to write a poem right now, what would your subject be?

지금 당장 시를 쓴다면, 주제는 무엇일 것 같아요?

저는 자연에서 본 아름다운 것들에 대한 시를 쓰겠어요.

제가 자연에서 가장 좋아하는 게 나무와 산이어서 아마 그것들이 시에 담길 거예요.

또 물과 하늘에 대한 말도 포함시키고 싶어요.

제가 즐겨 읽는 유일한 시들이 자연에 관한 시들이에요.

아마 그래서 제가 그런 종류의 시들을 쓰고 싶어 하는 걸 거예요.

자연에는 묘사하고 싶은 멋진 것들이 너무 많아요.

I'd write a poem about beautiful things I've seen in nature. My favorite natural things are trees and mountains, so those would probably be in the poem. I'd also include words about water and the sky. The only poems I like to read are ones about nature. Maybe that's why I'd also only want to write those kinds. There are so many awesome things to describe in nature.

07

체크해 보세요

QUESTION If you had the power, what changes would you carry out within education?

당신이 권력을 갖게 된다면 교육 내에서 어떤 변화를 이루고 싶어요?

만약 제게 권력이 주어진다면 보다 실제적인 학습이 이루어져 나갈 수 있게 하겠어요.

학생들은 절대적으로 교실 밖으로 더 많이 나가야 해요.

(자신이 사는) 지역의 여러 곳들을 살펴봐야 해요.

이를테면 과학 시간에, 왜 바깥에 나가 자연에 대해 배울 수 없는 거죠?

학교에서 교과서 공부와 암기를 너무 많이 하는데, 저는 그게 도대체 얼마나 도움이 되는지 전혀 모르겠어요.

학생들은 신나는 체험들을 많이 해야 해요.

If I were given the power, I would have more "hands-on" learning going on. Students totally need to get out of the classroom more. They need to check out places in the community. Like in science class, why can't they learn about nature outside? Schools do so much textbook work and memorizing, and I don't see how that helps at all. Students need lots of cool experiences.

199

PART
5

두괄식으로 자신에 대해 말하기

스피킹에서 나에 대한 이야기가 빠질 수 없습니다. 사실, 의견
이든 가정이든 결국은 모두 나의 이야기로 수렴하지요. 중요한
건, 말하고자 하는 가장 핵심 문장은 맨 처음에 둔다는 사실이
지요. 자신을 드러내는 첫 번째 문장을 정확하고 명확하게 말하
세요.

UNIT 01 | 기후 변화와 관련해 뭐가 가장 걱정이에요?

원어민처럼 두괄식으로 말하기 한국어와 영어의 어순 구조 차이를 확인하세요.

결론부터 말하기

Kor 끔찍한 기상 사건이 많이 일어날까 봐 **가장 걱정이에요.**

Eng 저는 가장 걱정이 돼요 / 갖게 되는 게 / 많은 끔찍한 기상 사태를.

예시하기

Kor 최근 들어 **토네이도와 허리케인이 엄청 많이 발생했잖아요.**

Eng 있었어요 / 엄청 많은 토네이도와 허리케인이 / 최근 들어서.

이유 밝히기

Kor 지구 온난화 때문에 이런 일이 생긴 **것 같아요.**

Eng 저는 생각해요 / 우리가 일으켰다고 / 이런 것을 / 지구 온난화 때문에.

덧붙이기 1

Kor 앞으로 상황은 더 악화**될 거예요.**

Eng 오로지 ~한 상태가 될 거예요 / 더 악화된 / 앞으로.

덧붙이기 2

Kor 심한 폭풍과 이상 기후가 더 **많아질 거고요.**

Eng 우리는 얻게 될 거예요 / 더 심각한 폭풍과 더 이상한 기후를.

마무리하기

Kor **이렇게 되면** 주택과 토지에 피해가 발생한다는 **의미이니까** 그것을 멈출 수 있게 되기를 **바라죠.**

Eng 이건 뜻하는 거잖아요 / 주택과 토지의 피해를 / 그래서 / 저는 바라요 / 우리가 그걸 멈출 수 있게 되기를.

What are you most worried about with climate change?

원어민식 어구 배치 훈련 왼쪽 Eng 순서대로 어구를 배열해 보세요.

결론부터 말하기

having / I'm most worried about / lots of terrible weather events.

be worried about ~이 걱정되다   terrible 끔찍한   event 사건, 사태

예시하기

tons of tornadoes and hurricanes / there've been / lately.

tons of 엄청 많은   tornado 회오리바람   hurricane 태풍   lately 최근 들어

이유 밝히기

this stuff / we've caused / I think / because of global warming.

cause 일으키다   global warming 지구 온난화

덧붙이기 1

worse / it'll only get / in the future.

get worse 악화되다   in the future 앞으로, 향후에

덧붙이기 2

we'll get / more serious storms and weird weather.

storm 폭풍   weird 기이한

마무리하기

so / that means / I hope / damage to houses and land, / we can put a stop to it.

damage 피해   land 토지   put a stop to ~ ~을 멈추다, 중지시키다

MP3 40-01

두뇌 입력 훈련 세 가지 속도의 음원을 3회 이상 듣고 두뇌 속에 문장을 입력해 주세요.

결론부터 말하기   3회 듣기 ☐ ☐ ☐

I'm most worried about/ having lots of terrible weather events.

예시하기   3회 듣기 ☐ ☐ ☐

There've been tons of tornadoes and hurricanes/ lately.

이유 밝히기   3회 듣기 ☐ ☐ ☐

I think we've caused this stuff/ because of global warming.

덧붙이기 1   3회 듣기 ☐ ☐ ☐

It'll only get worse/ in the future.

덧붙이기 2   3회 듣기 ☐ ☐ ☐

We'll get more serious storms/ and weird weather.

마무리하기   3회 듣기 ☐ ☐ ☐

That means damage to houses and land,/ so I hope we can put a stop to it.

MP3 40-02

동시통번역 훈련 우리말을 영어로 말하고 쓰고 들으세요.

끔찍한 기상 사건이 많이 일어날까 봐 가장 걱정이에요.

최근 들어 토네이도와 허리케인이 엄청 많이 발생했잖아요.

지구 온난화 때문에 이런 일이 생긴 것 같아요.

앞으로 상황은 더 악화될 거예요.

심한 폭풍과 이상 기후가 더 많아질 거고요.

이렇게 되면 주택과 토지에 피해가 발생한다는 의미이니까 그것을 멈출 수 있게 되기를
바라죠.

▶ 스피킹 코치의 족집게 조언

There've been tons of tornadoes and hurricanes lately.

'태풍'을 뜻하는 여러 단어들 '태풍'을 영어로는 여러 가지 이름으로 불러요. 즉 hurricane,
cyclone, typhoon 등이 모두 '태풍'을 일컫는 단어들이죠. 이렇게 다양한 단어들을 사용하는
이유는 태풍마다 발생 지역이 다르기 때문이에요. 예컨대 hurricane은 북대서양에서 발생하
며, cyclone은 인도양에서 발생하죠. 하지만 보통 '태풍'이라고 말할 때는 이런 세세한 것에 너
무 신경 쓰지 말고 그냥 hurricane이나 typhoon 중 하나를 쓰면 무난해요. 한편, '회오리바람'
이나 '회오리바람을 동반한 태풍'을 가리킬 때는 tornado라는 단어를 사용하죠.

205

삶의 질을 높이기 위해
뭐를 딱 한 가지 할 수 있겠어요?

원어민처럼 두괄식으로 말하기 한국어와 영어의 어순 구조 차이를 확인하세요.

결론부터 말하기

Kor **전** 매일 운동을 더 **할 거예요.**

Eng 전 할 거예요 / 더 많은 운동을 / 매일.

예시하기 1

Kor 지금은 운동을 충분히 **못해서인지** 늘 피곤하다고 **느껴요.**

Eng 지금은 / 제가 안 하고 있어요 / (운동을) 충분히 / 그래서 / 전 늘 느껴요 / 피곤하다고.

예시하기 2

Kor 경험상 몸을 더 많이 움직이면 기분이 좋아진다는 걸 **알고 있어요.**

Eng 경험상 / 전 그냥 알지요 / 제가 느끼게 된다는 걸 / 더 기분 좋게 / 제가 얻게 된다면 /
더 많이 움직이는 것을.

부연 설명하기 1

Kor **이렇게 하면** 활력도 더 **생기고** 보다 많은 일을 해내는 데도 **도움이 되겠죠.**

Eng 이게 줄 겁니다 / 저한테 더 많은 활력을 / 그리고 **도와줄 겁니다** / 제가 더 많은 일을
해내게.

부연 설명하기 2

Kor 또 몸이 안 좋거나 게으르게 있는 대신 가족이랑 많은 걸 같이 **할 수도 있을**
거고요.

Eng 저는 또 할 수도 있겠죠 / 많은 걸 / 제 가족과 함께 / 느끼는 대신에 / 몸이 안 좋고
게으르게.

마무리하기

Kor **하루에 딱 30분 운동하는 것만으로도** 엄청난 변화를 **가져올 수 있을 거예요.**

Eng 하루 딱 30분 운동이 만들어 낼 겁니다 / 엄청난 변화를.

What single thing could you do to increase the quality of your life?

원어민식 어구 배치 훈련 왼쪽 Eng 순서대로 어구를 배열해 보세요.

결론부터 말하기

more exercise / I could get / every day.

exercise 운동   get more exercise 운동을 더 하다

부연 설명하기 1

I always feel / I'm not getting / right now, / so / enough / tired.

right now 지금은, 당장은   feel tired 피곤함을 느끼다

부연 설명하기 2

if I got / from experience, / better / moving more / that I would feel / I just know.

from experience 경험상

부연 설명하기 3

me extra energy / and help / this would give / me to get more things done.

extra 추가의   get A done A를 끝내다

덧붙이기

out-of-shape and lazy / with my family, / I'd also be able to do / instead of feeling / lots of stuff.

out-of-shape 몸이 안 좋은

마무리하기

just a-half-hour-a-day of exercise would make / a huge difference.

huge 엄청난   make a difference 차이를 만들어 내다

두뇌 입력 훈련 세 가지 속도의 음원을 3회 이상 듣고 두뇌 속에 문장을 입력해 주세요.

결론부터 말하기   3회 듣기 ☐ ☐ ☐

I could get more exercise/ every day.

예시하기 1   3회 듣기 ☐ ☐ ☐

Right now,/ I'm not getting enough/ so I always feel tired.

예시하기 2   3회 듣기 ☐ ☐ ☐

From experience,/ I just know that I would feel better/ if I got moving more.

부연 설명하기 1   3회 듣기 ☐ ☐ ☐

This would give me extra energy/ and help me to get more things done.

부연 설명하기 2   3회 듣기 ☐ ☐ ☐

I'd also be able to do lots of stuff with my family,/ instead of feeling out-of-shape and lazy.

마무리하기   3회 듣기 ☐ ☐ ☐

Just a-half-hour-a-day of exercise/ would make a huge difference.

전 매일 운동을 더 할 거예요.

지금은 운동을 충분히 못해서인지 늘 피곤하다고 느껴요.

경험상 몸을 더 많이 움직이면 기분이 좋아진다는 걸 알고 있어요.

이렇게 하면 활력도 더 생기고 보다 많은 일을 해내는 데도 도움이 되겠죠.

또 몸이 안 좋거나 게으르게 있는 대신 가족이랑 많은 걸 같이 할 수도 있을 거고요.

하루에 딱 30분 운동하는 것만으로도 엄청난 변화를 가져올 수 있을 거예요.

▶ 스피킹 코치의 족집게 조언

Just a-half-hour-a-day of exercise would make a huge difference.

하이픈(-)의 용법 영어에서 세미콜론 다음으로 많이 사용하는 구두점이 바로 하이픈(-)이에요. 특히 동사를 꾸며 주는 부사구나 전치사구 표현을 1회성 명사 또는 형용사로 사용할 때 하이픈을 즐겨 사용하죠. 예컨대 off the cuff는 '즉석에서'라는 뜻의 부사구예요. 따라서 형용사처럼 명사 speech를 앞에서 꾸며 줄 수가 없어요. 하지만 off-the-cuff처럼 하이픈을 사용해 한 단어로 만들어 주면 꾸며 줄 수가 있지요. 다음 예문들을 보세요.

He made an off-the-cuff speech. 그는 즉석 연설을 했어요.
It was a once-in-a-lifetime chance for me.
그것은 제게는 일생에 한 번 올까 말까 한 기회였어요.

UNIT 03

저축하고 예산에 맞춰 돈 쓰는 걸 잘하나요?

원어민처럼 두괄식으로 말하기 한국어와 영어의 어순 구조 차이를 확인하세요.

결론부터 말하기

Kor **저는** 제가 돈 문제를 꽤 잘 다룬다고 **생각해요.**

Eng 저는 생각해요 / 제가 꽤 잘한다고 / 다루는 것을 / 돈을.

부연 설명하기 1

Kor **부모님께서는** 제게 돈을 똑똑하게 사용하는 법을 **아주 잘** 보여주**셨어요.**

Eng 부모님은 잘하셨어요 / 제게 보여주는 걸 / 쓰는 법을 / 돈을 / 똑똑하게.

부연 설명하기 2

Kor 매달 어떻게 예산을 세우고 저축을 해야 하는지 잘 **가르쳐 주셨죠.**

Eng 그분들은 가르쳤어요 / 제게 예산을 세우는 법을 / 그리고 돈을 떼어놓는 법을 / 매달

예시하기 1

Kor **저는 반드시** 현금을 최대한 많이 모아 놓았다가 은행에 예금**해요.**

Eng 저는 반드시 합니다 / 저축하는 걸 / 제가 할 수 있는 한 많은 돈을 /
그리고 그것을 두는 것을 / 은행에.

예시하기 2

Kor 또 어떤 것들에 대해서 얼마만큼의 돈을 쓸지도 **계획을 하죠.**

Eng 저는 또 계획을 합니다 / 얼마나 많은 돈을 제가 쓸 건지 / 특정한 것들에 대해.

마무리하기

Kor 예산에 맞춰 돈을 쓰는 게 **어려운 일이긴 하지만** 대체로 **잘하고 있어요.**

Eng 어려운 부분은 ~예요 / 예산에 충실하는 것 / 하지만 / 저는 대체로 할 수 있어요 / 그것을.

Are you good at saving and sticking to budgets?

원어민식 어구 배치 훈련 왼쪽 Eng 순서대로 어구를 배열해 보세요.

결론부터 말하기

I'm pretty good at / I think / money / dealing with.

be good at ~을 잘하다   deal with ~을 다루다

부연 설명하기 1

of showing me / money / my parents did a good job / how to spend / smartly.

smartly 현명하게

부연 설명하기 2

they taught / and put away money / me how to budget / every month.

budget 예산을 세우다   put away money 저축하다

예시하기 1

to save / I make sure / and put it / as much cash as I can / in the bank.

as much ~ as one can 최대한 많은 ~

예시하기 2

how much money I'll spend / I also plan / on certain things.

certain 어떤

마무리하기

I can mostly do / the tricky part is / but / sticking to the budget, / it.

tricky 어려운   stick to ~에 충실하다

211

두뇌 입력 훈련 세 가지 속도의 음원을 3회 이상 듣고 두뇌 속에 문장을 입력해 주세요.

결론부터 말하기   3회 듣기 ☐ ☐ ☐

I think I'm pretty good at/ dealing with money.

부연 설명하기 1   3회 듣기 ☐ ☐ ☐

My parents did a good job/ of showing me how to spend money smartly.

부연 설명하기 2   3회 듣기 ☐ ☐ ☐

They taught me how to budget/ and put away money every month.

예시하기 1   3회 듣기 ☐ ☐ ☐

I make sure to save as much cash as I can/ and put it in the bank.

예시하기 2   3회 듣기 ☐ ☐ ☐

I also plan how much money I'll spend/ on certain things.

마무리하기   3회 듣기 ☐ ☐ ☐

The tricky part is sticking to the budget,/ but I can mostly do it.

동시통역 훈련 우리말을 영어로 말하고 쓰고 들으세요.

저는 제가 돈 문제를 꽤 잘 다룬다고 생각해요.

부모님께서는 제게 돈을 똑똑하게 사용하는 법을 아주 잘 보여주셨어요.

매달 어떻게 예산을 세우고 저축을 해야 하는지 잘 가르쳐 주셨죠.

저는 반드시 현금을 최대한 많이 모아 놓았다가 은행에 예금해요.

또 어떤 것들에 대해서는 얼마만큼의 돈을 쓸지도 계획을 하죠.

예산에 맞춰 돈을 쓰는 게 어려운 일이긴 하지만 대체로 잘하고 있어요.

▶ 스피킹 코치의 족집게 조언

The tricky part is sticking to the budget, but I can mostly do it.

hard vs. tricky 여러분은 평소 영어로 말할 때 '어려운', '까다로운'이라는 뜻으로 어떤 단어를 사용하나요? hard? 아니면 difficult? 그밖에 또 사용하는 단어가 있나요? 혹시 tricky라는 단어를 사용해 본 적이 있나요? 아마 별로 없을걸요. tricky는 교과서와 같은 책에는 그리 자주 등장하지 않지만 실제 일상 회화에서는 자주 쓰이는 표현이에요.

It was a tricky problem, but I think I've finally come up with a good solution.
까다로운 문제였지만 좋은 해결책을 찾아낸 것 같아요.

The hotel is close to the airport but a little tricky to get to.
그 호텔은 공항에서 가깝지만 찾아가기가 약간 까다로워요.

이처럼 실제 회화를 할 때 difficult나 hard 대신 tricky를 사용하면 좀 더 자연스럽고 유창하게 들리죠.

213

UNIT 04

당신은 어떤 성격에 마음이 끌리나요?

원어민처럼 두괄식으로 말하기 한국어와 영어의 어순 구조 차이를 확인하세요

결론부터 말하기

Kor 저는 친절하고 섬세한 사람들에게 **마음이 끌려요**.

Eng 저는 끌립니다 / 사람들에게 / 친절하고 세심한 (사람들에게).

부연 설명하기

Kor **그런 유형의 성격들일 때** 저는 평화롭고 편안**해지고요**, 그래서 저답게 자연스럽게 행동**할 수 있어요**.

Eng 그런 종류의 성격들이 만듭니다 / 제가 느끼도록 / 평화롭고 편안하게 / 그러면 / 저는 될 수 있어요 / 제 자신이.

덧붙이기

Kor **저는** 사람들이 생각이 깊고 다른 이의 감정에 마음을 써 줄 때 **좋더라고요**.

Eng 저는 좋아요 / 그게 / 다른 사람들이 사려 깊을 때 / 그리고 신경 쓸 때 / 사람들의 감정을.

대조하기 1

Kor 사람들이 냉정하고 비열할 때는 **정반대로 싫어요**.

Eng 사람들이 냉정할 때 / 혹은 / 비열하게 굴 땐 / 정반대예요.

대조하기 2

Kor 그런 사람들과는 아무 일도 함께 **하고 싶지 않아요**.

Eng 전 원하지 않아요 / 아무것도 / 해야 할 / 그들과 함께.

마무리하기

Kor **저는** 기본적으로 온순하고 섬세한 **사람이에요**.

Eng 전 ~예요 / 기본적으로 온순하고 세심한 사람.

What personality types are you attracted to?

원어민식 어구 배치 훈련 왼쪽 Eng 순서대로 어구를 배열해 보세요.

I'm attracted / who are kind and sensitive / to people.

be attracted to ~에 끌리다   sensitive 섬세한

부연 설명하기

I can be / me feel / those kinds of personalities make / myself / and then / peaceful and comfortable,.

personality 성격   be oneself 자연스럽게 행동하다, 편안하게 굴다

덧붙이기

when others are thoughtful / I like / and care about / it / people's feelings.

thoughtful 생각이 깊은, 사려 깊은

대조하기 1

mean, / when people are harsh / it's the opposite / or.

harsh 냉정한   mean 비열한   opposite 정반대 (이때는 정관사 the와 함께 쓰임)

대조하기 2

with them / anything / I don't want / to do.

마무리하기

I'm / basically a gentle and sensitive person.

gentle 온순한

215

결론부터 말하기   3회 듣기 ☐ ☐ ☐

I'm attracted to people/ who are kind and sensitive.

부연 설명하기   3회 듣기 ☐ ☐ ☐

Those kinds of personalities/ make me feel peaceful and comfortable,/ and then I can be myself.

덧붙이기   3회 듣기 ☐ ☐ ☐

I like it when others are thoughtful/ and care about people's feelings.

대조하기 1   3회 듣기 ☐ ☐ ☐

When people are harsh or mean,/ it's the opposite.

대조하기 2   3회 듣기 ☐ ☐ ☐

I don't want anything/ to do with them.

마무리하기   3회 듣기 ☐ ☐ ☐

I'm basically a gentle and sensitive person.

저는 친절하고 섬세한 사람들에게 마음이 끌려요.

그런 유형의 성격들일 때 저는 평화롭고 편안해지고요, 그래서 저답게 자연스럽게 행동할 수 있어요.

저는 사람들이 생각이 깊고 다른 이의 감정에 마음을 써 줄 때 좋더라고요.

사람들이 냉정하고 비열할 때는 정반대로 싫어요.

그런 사람들과는 아무 일도 함께 하고 싶지 않아요.

저는 기본적으로 온순하고 섬세한 사람이에요.

▶ 스피킹 코치의 족집게 조언

Those kinds of personalities make me feel peaceful and comfortable, and then I can be myself.

I'm not myself today! be동사 다음에 oneself를 쓰면 be comfortable(편안하다)이라는 뜻의 숙어 표현이 돼요. 그래서 '그와 함께 있으면 마음이 편해져요.'라고 할 경우, be oneself를 사용해 I can be myself when I am with him.이라고 말하면 되죠. 또 be oneself는 behave normally('정상적으로 행동하다' 또는 '제정신이다')라는 뜻도 있어요. 그런데 이때는 I'm not myself.처럼 긍정보다는 부정의 형태로 주로 사용해요.

Sorry, I'm not myself today. My mom had a car accident.
미안해요, 제가 오늘 제정신이 아니에요. 엄마가 교통사고를 당했거든요.

어떤 종류나 방식의 학습을
가장 좋아해요?

원어민처럼 두괄식으로 말하기 한국어와 영어의 어순 구조 차이를 확인하세요.

결론부터 말하기

Kor **저는** 제 감각들을 사용할 수 있는 아주 실용적인 학습 방법들을 **좋아해요.**

Eng 전 좋아해요 / 아주 실용적인 학습 방법을 / 제가 사용할 수 있는 / 제 감각을.

부연 설명하기

Kor 그래서 **저는** 학습 대상인 물체들을 직접 만질 수 있거나 현장 학습을 가서
여러 가지를 볼 때 가장 많이 **배워요.**

Eng 그래서 / 전 배웁니다 / 가장 잘 / 제가 만질 수 있을 때 / 제가 배우고 있는 사물을 /
아니면 현장 학습을 갈 때 / 여러 가지 것들을 보려고.

덧붙이기 1

Kor **어떤 사람들은** 책을 읽고 선생님 강의를 들으면서 많이 **배우지만** 저는
아니에요.

Eng 어떤 사람들은 배워요 / 더 많이 / 독서를 통해서 / 그리고 선생님은 말씀하시게 하고
듣는 것을 통해서 / 하지만 전 아니에요.

덧붙이기 2

Kor **저는** 신나는 학습 체험을 **하고 싶어요.**

Eng 저는 원해요 / 가지는 것을 / 신나는 학습 체험을.

마무리하기

Kor **사람들은** 그냥 받아들이는 것이 아니라 뭔가를 해봄으로써 가장 잘
배우게 되죠.

Eng 사람들은 배웁니다 / 가장 잘 / 해봄으로써 / 그냥 받아들이는 게 아니라.

What kinds or methods of learning do you like best?

원어민식 어구 배치 훈련 왼쪽 Eng 순서대로 어구를 배열해 보세요.

결론부터 말하기

I like / where I can use / really practical ways of learning / my senses.

practical 실용적인

부연 설명하기

objects I'm learning about / so / when I can touch / best / or go on field trips / I learn / to see things.

object 물체   field trip 현장 학습

덧붙이기 1

and having a teacher talk, / some people learn / but not me / through reading / more.

reading 독서   have A 동사원형 A가 ~하게 하다

덧붙이기 2

to have / I want / cool learning experiences.

cool 멋진

마무리하기

by doing, / best / not just by receiving / you learn.

you 일반 사람들을 지칭   receive 받아들이다

결론부터 말하기   3회 듣기 ☐ ☐ ☐

I like really practical ways of learning/ where I can use my senses.

부연 설명하기   3회 듣기 ☐ ☐ ☐

So I learn best/ when I can touch objects I'm learning about/ or go on field trips to see things.

덧붙이기 1   3회 듣기 ☐ ☐ ☐

Some people learn more through reading/ and having a teacher talk,/ but not me.

덧붙이기 2   3회 듣기 ☐ ☐ ☐

I want to have cool learning experiences.

마무리하기   3회 듣기 ☐ ☐ ☐

You learn best by doing,/ not just by receiving.

저는 제 감각들을 사용할 수 있는 아주 실용적인 학습 방법들을 좋아해요.

그래서 저는 학습 대상인 물체들을 직접 만질 수 있거나 현장 학습을 가서 여러 가지를 볼 때 가장 많이 배워요.

어떤 사람들은 책을 읽고 선생님 강의를 들으면서 많이 배우지만 저는 아니에요.

저는 신나는 학습 체험을 하고 싶어요.

사람들은 그냥 받아들이는 것이 아니라 뭔가를 해봄으로써 가장 잘 배우게 되죠.

▶ 스피킹 코치의 족집게 조언

I like really practical ways of learning where I can use my senses.

'오감'을 영어로 모두 말할 수 있나요? '오감'이라고 하면 시각, 청각, 촉각, 후각, 그리고 미각을 가리키죠. 그럼 이것들을 모두 영어로 말할 수 있나요? 막상 하려니 쉽지 않죠? '오감'을 영어로는 sight(시각), hearing(청각), touch(촉각), smell(후각), taste(미각)라고 말해요. 그럼 '육감'은 영어로 뭘까요? '여섯 번째 감각'이란 뜻이니까 바로 the sixth sense라고 말하죠. 한편, '직감'과 '예감'이라고 할 때는 각각 intuition과 hunch 단어를 사용한다는 것도 알아두세요.

I knew by intuition that something was wrong. 뭔가 잘못되었음을 직감으로 알았어요.
I had a hunch (that) she'd be back. 그녀가 돌아올 거라는 예감이 들었어요.

UNIT 06

아버지께서 당신에게 해준
최고의 조언은
무엇인가요?

원어민처럼 두괄식으로 말하기 한국어와 영어의 어순 구조 차이를 확인하세요.

결론부터 말하기

Kor **아버지께서 해준 최고의 조언은** 제가 하는 모든 일을 열심히 하라는 **거였어요.**

Eng 저희 아버지의 최고의 조언은 ~였어요 / 일하라는 것 / 열심히 / 모든 것에서 / 제가 하는.

부연 설명하기 1

Kor **아버지께서는** 늘 최선의 노력을 다함으로써 자신의 운을 스스로 만들어 가야 한다고 **하셨어요.**

Eng 그분은 말씀하셨어요 / 네가 만들어야 한다고 / 네 스스로의 운을 / 항상 줌으로써 / 네 최선의 노력을.

부연 설명하기 2

Kor 그렇게만 하면 **좋은 일이 일어날 거라고요.**

Eng 네가 한다면 / 그렇게 / 그럼 / 좋은 일이 일어날 거라고요.

부연 설명하기 3

Kor **그건** 그냥 시간문제일 **뿐이라고요.**

Eng 그건 ~라고요 / 단지 시간문제.

부연 설명하기 4

Kor **아버지께서는** 학교, 일, 전반적인 삶에 대해 이런 충고를 제게 **해주셨어요.**

Eng 저희 아버지는 주셨어요 / 제게 이런 조언을 / 학교, 일 / 그리고 전반적인 삶에 대한.

덧붙이기

Kor **아버지께서는** 열심히 일하고 감사할 줄 아는 사람들이 최고로 행복한 사람들이라고 **말씀하셨죠.**

Eng 그분은 말씀하셨어요 / 가장 행복한 사람은 ~이라고 / 열심히 일하는 그런 사람들 / 그리고 감사할 줄 아는 (사람들).

마무리하기

Kor **저는** 아버지의 지혜로운 말씀들을 **절대 잊은 적이 없습니다.**

Eng 저는 절대 잊은 적이 없어요 / 그의 지혜로운 말씀.

What's the best piece of advice your father has given you?

원어민식 어구 배치 훈련 왼쪽 Eng 순서대로 어구를 배열해 보세요.

결론부터 말하기

my father's best advice was / at everything / hard / to work / I do.

advice 충고

부연 설명하기 1

your own luck / he said / by always giving / that you have to make / your best effort.

luck 운   effort 노력   give one's best effort 최고로 노력하다

부연 설명하기 2

then / if you do / good things will happen / that,.

happen 일어나다, 발생하다

부연 설명하기 3

it's / just a matter of time.

matter 문제

부연 설명하기 4

me this advice / my father gave / and life in general / for school, work,.

in general 전반적으로

덧붙이기

he said / those who work hard / the happiest people are / and are grateful.

those who ~하는 사람들, ~인 사람들   grateful 감사할 줄 아는

마무리하기

I've never forgotten / his wise words.

forget 잊다

두뇌 입력 훈련 세 가지 속도의 음원을 3회 이상 듣고 두뇌 속에 문장을 입력해 주세요.

결론부터 말하기 3회 듣기 ☐ ☐ ☐

My father's best advice/ was to work hard at everything I do.

부연 설명하기 1 3회 듣기 ☐ ☐ ☐

He said that you have to make your own luck/ by always giving your best effort.

부연 설명하기 2 3회 듣기 ☐ ☐ ☐

If you do that,/ then good things will happen.

부연 설명하기 3 3회 듣기 ☐ ☐ ☐

It's just a matter of time.

부연 설명하기 4 3회 듣기 ☐ ☐ ☐

My father gave me this advice/ for school, work, and life in general.

덧붙이기 3회 듣기 ☐ ☐ ☐

He said the happiest people/ are those who work hard/ and are grateful.

마무리하기 3회 듣기 ☐ ☐ ☐

I've never forgotten his wise words.

동시통역 훈련 우리말을 영어로 말하고 쓰고 들으세요.

아버지께서 해준 최고의 조언은 제가 하는 모든 일을 열심히 하라는 거였어요.

아버지께서는 늘 최선의 노력을 다함으로써 자신의 운을 스스로 만들어 가야 한다고 하셨어요.

그렇게만 하면 좋은 일이 일어날 거라고요.

그건 그냥 시간문제일 뿐이라고요.

아버지께서는 학교, 일, 전반적인 삶에 대해 이런 충고를 제게 해주셨어요.

아버지께서는 열심히 일하고 감사할 줄 아는 사람들이 최고로 행복한 사람들이라고 말씀하셨죠.

저는 아버지의 지혜로운 말씀들을 절대 잊은 적이 없습니다.

▶ 스피킹 코치의 족집게 조언

It's just a matter of time.

a matter of ~ 우리도 '그것은 단지 시간문제일 뿐이에요.'라고 말하는 경우가 종종 있죠. 이 때 영어로는 It's just a matter of time.이라고 말하면 돼요. 이처럼 '~(의) 문제'라고 할 때는 a matter of ~의 표현을 사용하면 좋습니다. 이 표현은 실전 시험 상황에서도 유용하게 쓸 수 있는데, 다음은 그 예들이에요.

a matter of degree 정도의 문제
a matter of attitude 태도의 문제
a matter of personal taste 개인적 취향의 문제
a matter of money 돈의 문제   a matter of trust 신뢰의 문제
a matter of style 스타일의 문제   a matter of choice 선택의 문제

UNIT
07
당신이 친구로서 베풀어야 할
가장 소중한 것은 무엇인가요?

원어민처럼 두괄식으로 말하기 한국어와 영어의 어순 구조 차이를 확인하세요.

결론부터 말하기

Kor 제가 베풀 수 있는 **가장 소중한 것은** 이야기를 잘 들어주**는 것이에요.**

Eng 가장 소중한 것은 / 제공해 줄 수 있는 / 입니다 / 제가 잘 들어주는 사람이라는 것.

부연 설명하기

Kor **저는** 정말 시간을 **내어** 친구들의 얘기를 들어주고 또 걔네들을 도울 방법을
찾아봐요.

Eng 저는 정말 냅니다 / 시간을 / 친구들 이야기를 들으려고 / 그리고 찾습니다 / 방법들을 /
그들을 도울 수 있는.

예시하기 1

Kor 만약 누군가 슬퍼하거나 어려움을 겪고 있으면 그들에게 저한테 털어놓으**라**
고 해요.

Eng 만약 누군가 슬프고 / 혹은 가지고 있다면 / 힘든 시간을 / 저는 놔둘 수 있어요 /
그들이 나에게 말하도록 / 그것에 대해.

예시하기 2

Kor **저는 말을** 많이 **하지는 않아요.** 하지만, 그냥 그들 곁에 함께 있어 주는
것만으로도 훨씬 더 나아진다는 걸 **알아요.**

Eng 저는 말을 하지 않아요 / 많이 / 하지만 / 저는 알아내요 / 훨씬 더 낫다고 /
그저 거기에 있어 주는 것이 / 그들을 위해.

마무리하기

Kor 다른 이들에게 친구가 되어 주는 데 이것보다 더 나은 방법은 **없는 것 같아요.**

Eng 저는 생각해 낼 수 없어요 / 더 나은 방법을 / 친구가 되어 주는 / 다른 사람들에게.

What is the most valuable thing you have to offer as a friend?

결론부터 말하기

to offer / the most valuable thing / that I'm a good listener / is.

offer 제공하다   good listener 상대방 얘기를 잘 들어주는 사람

부연 설명하기

ways / to listen to my friends / I really take / and find / the time / to help them.

take the time 시간을 내다

예시하기 1

about it / a hard time, / if somebody's sad / I can let / or having / them tell me.

have a hard time 힘든 시간을 보내다

예시하기 2

to just be there / I don't say / I find / but / much, / it's better / for them.

마무리하기

a better way / I can't think of / to other people / to be a friend.

think of ~을 생각해 내다

227

MP3 46-01

결론부터 말하기　　　　　　　　　　3회 듣기 ☐ ☐ ☐

The most valuable thing to offer/ is that I'm a good listener.

부연 설명하기　　　　　　　　　　3회 듣기 ☐ ☐ ☐

I really take the time to listen to my friends/ and find ways to help them.

예시하기 1　　　　　　　　　　3회 듣기 ☐ ☐ ☐

If somebody's sad or having a hard time,/ I can let them tell me about it.

예시하기 2　　　　　　　　　　3회 듣기 ☐ ☐ ☐

I don't say much,/ but I find it's better/ to just be there for them.

마무리하기　　　　　　　　　　3회 듣기 ☐ ☐ ☐

I can't think of a better way/ to be a friend to other people.

동시통역 훈련 우리말을 영어로 말하고 쓰고 들으세요

제가 베풀 수 있는 가장 소중한 것은 이야기를 잘 들어주는 것이에요.

저는 정말 시간을 내어 친구들의 얘기를 들어주고 또 걔네들을 도울 방법을 찾아봐요.

만약 누군가 슬퍼하거나 어려움을 겪고 있으면 그들에게 저한테 털어놓으라고 해요.

저는 말을 많이 하지는 않아요. 하지만, 그냥 그들 곁에 함께 있어 주는 것만으로도 훨씬 더 나아진다는 걸 알아요.

다른 이들에게 친구가 되어 주는 데 이것보다 더 나은 방법은 없는 것 같아요.

▶ 스피킹 코치의 족집게 조언

I really take the time to listen to my friends and find ways to help them.

---

take time vs. take the time 만약 어느 남자가 낯선 여자로부터 "Excuse me, do you have the time?"이라는 질문을 받으면 엉뚱한 생각을 하기 쉬워요. 왜냐하면 Do you have the time?을 Do you have time? 즉 '시간 있으세요?'의 뜻으로 착각하기 쉽기 때문이죠. 이때 time 앞에 정관사 the를 붙이면 '시각'을 뜻해요. 그러므로 Do you have the time?은 What time is it now?와 같은 의미예요. 이처럼 time 앞에 the가 붙느냐 붙지 않느냐에 따라 의미가 달라지죠. take time과 take the time의 경우도 마찬가지예요. 즉 take time은 '시간이 걸리다'라는 의미인 반면, take the time은 '시간을 내다'라는 뜻이죠. 다음 예들을 보며 그 차이를 느껴 보세요.

It takes time to heal a broken heart. 상처받은 마음을 치유하는 데는 시간이 걸려요.
Can you take the time to help her? 시간 내서 그녀를 좀 도와줄래요?

229

어떤 동물이
당신의 성격을
가장 잘 나타내나요?

원어민처럼 두괄식으로 말하기 한국어와 영어의 어순 구조 차이를 확인하세요.

결론부터 말하기

Kor 제 성격은 곰하고 **가장 많이** 닮았어요.

Eng 제 성격은 ~예요 / 가장 곰 같은.

부연 설명하기 1

Kor 제 일에만 **신경을 쓰고** 자신에 **충실하죠**.

Eng 저는 신경을 씁니다 / 제 자신의 일에 / 그리고 충실합니다 / 제 자신에게.

부연 설명하기 2

Kor **저는** 조용하지만 강인한 사람**이에요**.

Eng 저는 ~예요 / 조용하지만 강한 사람.

부연 설명하기 3

Kor 저를 당황하게 하거나 화나게 하려면 많은 노력이 **필요하죠**.

Eng (시간이나 노력이) 걸립니다 / 많이 / 저를 속상하게 하는 데 / 혹은 저를 화나게 하는 데.

덧붙이기 1

Kor 하지만 사람들이 저를 너무 짜증나게 하면 정말 화를 **낼 거예요**.

Eng 만약 사람들이 저를 성가시게 한다면 / 너무 / 그렇지만 / 저는 ~한 **상태가** 될 겁니다 / 굉장히 화가 난.

덧붙이기 2

Kor 그러니까 조심하는 게 좋을 걸요!

Eng 그러니까 / 사람들은 조심하는 게 좋을 걸요!

마무리하기

Kor 그래서 사람들이 저를 존중해 주면 우리는 아주 잘 지낼 수 있을 **것 같아요**.

Eng 그래서, / 저는 **생각해요** / 사람들이 대해야 한다고 / 저를 / 공손하게 / 그러면 / 우리가 지낼 수 있을 거라고 / 아주 잘.

What animal best represents your character?

원어민식 어구 배치 훈련 왼쪽 Eng 순서대로 어구를 배열해 보세요.

결론부터 말하기

my character is / most like a bear.

character 성격   like ~ 같은, ~와 비슷한

부연 설명하기 1

my own business / myself / and stick to / I mind.

mind 신경을 쓰다   stick to ~에 집착하다, 충실하다

부연 설명하기 2

I am / a calm but strong person.

calm 조용한, 차분한

부연 설명하기 3

to upset me / a lot / it takes / or make me mad.

upset 당황하게 하다

덧붙이기 1

too much, / if people bother me / I will get / though, / really mad.

bother 성가시게 하다   though (문장 뒤에 놓여) 그렇지만

덧붙이기 2

then / they'd better watch out!

watch out 조심하다

마무리하기

we'll get along / I think / so, / with respect / me / and / that people should treat / great.

treat 대하다   get along 지내다

결론부터 말하기　　　　　　　3회 듣기 ☐ ☐ ☐

My character is most like a bear.

부연 설명하기 1　　　　　　　3회 듣기 ☐ ☐ ☐

I mind my own business/ and stick to myself.

부연 설명하기 2　　　　　　　3회 듣기 ☐ ☐ ☐

I am a calm/ but strong person.

부연 설명하기 3　　　　　　　3회 듣기 ☐ ☐ ☐

It takes a lot to upset me/ or make me mad.

덧붙이기 1　　　　　　　3회 듣기 ☐ ☐ ☐

If people bother me too much, though,/ I will get really mad.

덧붙이기 2　　　　　　　3회 듣기 ☐ ☐ ☐

Then they'd better watch out!

마무리하기　　　　　　　3회 듣기 ☐ ☐ ☐

So,/ I think that people should treat me with respect/ and we'll get along great.

제 성격은 곰하고 가장 많이 닮았어요.

제 일에만 신경을 쓰고 자신에 충실하죠.

저는 조용하지만 강인한 사람이에요.

저를 당황하게 하거나 화나게 하려면 많은 노력이 필요하죠.

하지만 사람들이 저를 너무 짜증나게 하면 정말 화를 낼 거예요.

그러면 조심하는 게 좋을 걸요!

그래서 사람들이 저를 존중해 주면 우리는 아주 잘 지낼 수 있을 거예요.

▶ 스피킹 코치의 족집게 조언

It takes a lot to upset me or make me mad.

mad가 angry의 의미로 쓰일 때 많은 사람들이 mad를 crazy, 즉 '미친'이란 뜻으로만 알고 있는 듯해요. 하지만 mad는 angry, 즉 '화난'이란 뜻으로도 자주 쓰여요. 그러므로 원어민이 mad라는 단어를 말했을 경우는 그것이 crazy 의미인지, angry 뜻인지 잘 구분해서 들어야 해요. 다음은 mad가 angry로 쓰인 예들이에요.

Are you still mad at me? 아직도 제게 화났나요?
I've never seen him get so mad. 저는 그가 그토록 화를 내는 걸 본 적이 없어요.

REVIEW

01

체크해 보세요

QUESTION What are you most worried about with climate change?

기후 변화와 관련해 뭐가 가장 걱정이에요?

끔찍한 기상 사건이 많이 일어날까 봐 가장 걱정이에요.
최근 들어 토네이도와 허리케인이 엄청 많이 발생했잖아요.
지구 온난화 때문에 이런 일이 생긴 것 같아요.
앞으로 상황은 더 악화될 거예요.
심한 폭풍과 이상 기후가 더 많아질 거고요.
이렇게 되면 주택과 토지에 피해가 발생한다는 의미이니까 그것을 멈출 수 있게 되기를 바라죠.

I'm most worried about having lots of terrible weather events. There've been tons of tornadoes and hurricanes lately. I think we've caused this stuff because of global warming. It'll only get worse in the future. We'll get more serious storms and weird weather. That means damage to houses and land, so I hope we can put a stop to it.

02

QUESTION What single thing could you do to increase the quality of your life?

삶의 질을 높이기 위해 뭐를 딱 한 가지 할 수 있겠어요?

전 매일 운동을 더 할 거예요.

지금은 운동을 충분히 못해서인지 늘 피곤하다고 느껴요.

경험상 몸을 더 많이 움직이면 기분이 좋아진다는 걸 알고 있어요.

이렇게 하면 활력도 더 생기고 보다 많은 일을 해내는 데도 도움이 되겠죠.

또 몸이 안 좋거나 게으르게 있는 대신 가족이랑 많은 걸 같이 할 수도 있을 거고요.

하루에 딱 30분 운동하는 것만으로도 엄청난 변화를 가져올 수 있을 거예요

I could get more exercise every day. Right now, I'm not getting enough so I always feel tired. From experience, I just know that I would feel better if I got moving more. This would give me extra energy and help me to get more things done. I'd also be able to do lots of stuff with my family, instead of feeling out-of-shape and lazy. Just a-half-hour-a-day of exercise would make a huge difference.

03

QUESTION Are you good at saving and sticking to budgets?

저축하고 예산에 맞춰 돈 쓰는 걸 잘 하나요?

저는 제가 돈 문제를 꽤 잘 다룬다고 생각해요.

부모님께서는 제게 돈을 똑똑하게 사용하는 법을 아주 잘 보여주셨어요.

매달 어떻게 예산을 세우고 저축을 해야 하는지 잘 가르쳐 주셨죠.

저는 반드시 현금을 최대한 많이 모아 놓았다가 은행에 예금해요.

또 어떤 것들에 대해서는 얼마만큼의 돈을 쓸지도 계획을 하죠.

예산에 맞춰 돈을 쓰는 게 어려운 일이긴 하지만 대체로 잘하고 있어요.

I think I'm pretty good at dealing with money. My parents did a good job of showing me how to spend money smartly. They taught me how to budget and put away money every month. I make sure to save as much cash as I can and put it in the bank. I also plan how much money I'll spend on certain things. The tricky part is sticking to the budget, but I can mostly do it.

04

QUESTION What personality types are you attracted to?

당신은 어떤 성격 유형에 마음이 끌리나요?

저는 친절하고 섬세한 사람들에게 마음이 끌려요.

그런 유형의 성격들일 때 저는 평화롭고 편안해지고요, 그래서 저답게 자연스럽게 행동할 수 있어요.

저는 사람들이 생각이 깊고 다른 이의 감정에 마음을 써 줄 때 좋더라고요.

사람들이 냉정하고 비열할 때는 정반대로 싫어요.

그런 사람들과는 아무 일도 함께 하고 싶지 않아요.

저는 기본적으로 온순하고 섬세한 사람이에요.

I'm attracted to people who are kind and sensitive. Those kinds of personalities make me feel peaceful and comfortable, and then I can be myself. I like it when others are thoughtful and care about people's feelings. When people are harsh or mean, it's the opposite. I don't want anything to do with them. I'm basically a gentle and sensitive person.

05

QUESTION What kinds or methods of learning do you like best?

어떤 종류나 방식의 학습을 가장 좋아하세요?

저는 제 감각들을 사용할 수 있는 아주 실용적인 학습 방법들을 좋아해요.

그래서 저는 학습 대상인 물체들을 직접 만질 수 있거나 현장 학습을 가서 여러 가지를 볼 때 가장 많이 배워요.

어떤 사람들은 책을 읽고 선생님 강의를 들으면서 많이 배우지만 저는 아니에요.

저는 신나는 학습 체험을 하고 싶어요.

사람들은 그냥 받아들이는 것이 아니라 뭔가를 해봄으로써 가장 잘 배우게 되죠.

I like really practical ways of learning where I can use my senses. So I learn ·best when I can touch objects I'm learning about or go on field trips to see things. Some people learn more through reading and having a teacher talk, but not me. I want to have cool learning experiences. You learn best by doing, not just by receiving.

06

QUESTION What's the best piece of advice your father has given you?

아버지께서 당신에게 해준 최고의 조언은 무엇인가요?

아버지께서 해준 최고의 조언은 제가 하는 모든 일을 열심히 하라는 거였어요.
아버지께서는 늘 최선의 노력을 다함으로써 자신의 운을 스스로 만들어 가야 한다고 하셨어요.
그렇게만 하면 좋은 일이 일어날 거라고요.
그건 그냥 시간문제일 뿐이라고요.
아버지께서는 학교, 일, 전반적인 삶에 대해 이런 충고를 제게 해주셨어요.
아버지께서는 열심히 일하고 감사할 줄 아는 사람들이 최고로 행복한 사람들이라고 말씀하셨죠.
저는 아버지의 지혜로운 말씀들을 절대 잊은 적이 없습니다.

My father's best advice was to work hard at everything I do. He said that • you have to make your own luck by always giving your best effort. If you do that, then good things will happen. It's just a matter of time. My father gave me this advice for school, work, and life in general. He said the happiest people are those who work hard and are grateful. I've never forgotten his wise words.

Thinking

Training

Speaking

07

QUESTION What is the most valuable thing you have to offer as a friend?

당신이 친구로서 베풀어야 할 가장 소중한 것은 무엇인가요?

제가 베풀 수 있는 가장 소중한 것은 이야기를 잘 들어주는 것이에요.

저는 정말 시간을 내어 친구들의 얘기를 들어주고 또 걔네들을 도울 방법을 찾아봐요.

만약 누군가 슬퍼하거나 어려움을 겪고 있으면 그들에게 저한테 털어놓으라고 해요.

저는 말을 많이 하지는 않아요. 하지만, 그냥 그들 곁에 함께 있어 주는 것만으로도 훨씬 더 나아진다는 걸 알아요.

다른 이들에게 친구가 되어 주는 데 이것보다 더 나은 방법은 없는 것 같아요

The most valuable thing to offer is that I'm a good listener. I really take the time to listen to my friends and find ways to help them. If somebody's sad or having a hard time, I can let them tell me about it. I don't say much, but I find it's better to just be there for them. I can't think of a better way to be a friend to other people.

Thinking

Training

Speaking

QUESTION What animal best represents your character?

어떤 동물이 당신의 성격을 가장 잘 나타내나요?

제 성격은 곰하고 가장 많이 닮았어요.

제 일에만 신경을 쓰고 자신에 충실하죠.

저는 조용하지만 강인한 사람이에요.

저를 당황하게 하거나 화나게 하려면 많은 노력이 필요하죠.

하지만 사람들이 저를 너무 짜증나게 하면 정말 화를 낼 거예요.

그러면 조심하는 게 좋을 걸요!

그래서 사람들이 저를 존중해 주면 우리는 아주 잘 지낼 수 있을 거예요.

My character is most like a bear. I mind my own business and stick to myself. I am a calm but strong person. It takes a lot to upset me or make me mad. If people bother me too much, though, I will get really mad. Then they'd better watch out! So, I think that people should treat me with respect and we'll get along great.